全国职业培训推荐教材
人力资源和社会保障部教材办公室评审通过
适合于职业技能短期培训使用

砌筑工基本技能

中国劳动社会保障出版社

图书在版编目(CIP)数据

砌筑工基本技能/周海涛主编.—北京：中国劳动社会保障出版社，2012
ISBN 978-7-5045-9824-0

Ⅰ.①砌… Ⅱ.①周… Ⅲ.①砌筑-技术培训-教材 Ⅳ.①TU754.1

中国版本图书馆 CIP 数据核字(2012)第 223837 号

中国劳动社会保障出版社出版发行
(北京市惠新东街1号 邮政编码：100029)
出 版 人：张梦欣

*

三河市华骏印务包装有限公司印刷装订 新华书店经销
787 毫米×960 毫米 16 开本 9 印张 190 千字
2012 年 9 月第 1 版 2022 年 3 月第 22 次印刷
定价：16.00 元

读者服务部电话：(010)64929211/84209101/64921644
营销中心电话：(010)64962347
出版社网址：http://www.class.com.cn

版权专有 侵权必究

如有印装差错，请与本社联系调换：(010)81211666
我社将与版权执法机关配合，大力打击盗印、销售和使用盗版
图书活动，敬请广大读者协助举报，经查实将给予举报者奖励。

举报电话：(010)64954652

前言

职业技能培训是提高劳动者知识与技能水平、增强劳动者就业能力的有效措施。职业技能短期培训,能够在短期内使受培训者掌握一门技能,达到上岗要求,顺利实现就业。

为了适应开展职业技能短期培训的需要,促进短期培训向规范化发展,提高培训质量,中国劳动社会保障出版社组织编写了职业技能短期培训系列教材,涉及第二产业和第三产业百余种职业(工种)。在组织编写教材的过程中,以相应职业(工种)的国家职业标准和岗位要求为依据,并力求使教材具有以下特点:

短。教材适合15~30天的短期培训,在较短的时间内,让受培训者掌握一种技能,从而实现就业。

薄。教材厚度薄,字数一般在10万字左右。教材中只讲述必要的知识和技能,不详细介绍有关的理论,避免多而全,强调有用和实用,从而将最有效的技能传授给受培训者。

易。内容通俗,图文并茂,容易学习和掌握。教材以技能操作和技能培养为主线,用图文相结合的方式,通过实例,一步步地介绍各项操作技能,便于学习、理解和对照操作。

这套教材适合于各级各类职业学校、职业培训机构在开展职业技能短期培训时使用。欢迎职业学校、培训机构和读者对教材中存在的不足之处提出宝贵意见和建议。

人力资源和社会保障部教材办公室

简介

　　本书依据初级砌筑工国家职业技能标准和行业从业要求编写。

　　本书首先介绍了有关砌筑工工作内容和职业要求，以及建筑施工劳动保护知识和安全文明施工知识。然后介绍了建筑识图与构造、常用材料及工具等。最后介绍了普通黏土砖组砌方法、砖石基础的砌筑、砖墙的砌筑、砌块砌筑和窨井、渗井及化粪池砌筑等砌筑工程以及一般抹灰施工。

　　本书由周海涛主编，高威、李宝英、曾洁、陈文平、齐斌、陈小林、钟世昌、杜逸玲、杨云洪、李先祥、龚碧玲、李涛、赵林、骆家祥、杨丽芳、邓勇军、饶宜平、邓君、谢宗明参编。

目录

第一单元　职业道德与劳动保护……………………………………………………… 1
　模块一　砌筑工入职准备………………………………………………………… 1
　模块二　建筑施工劳动保护……………………………………………………… 2
　模块三　建筑安全文明施工……………………………………………………… 6
第二单元　建筑识图与构造…………………………………………………………… 11
　模块一　认识建筑物……………………………………………………………… 11
　模块二　建筑施工图的识读……………………………………………………… 14
　模块三　民用建筑构造…………………………………………………………… 28
第三单元　常用材料及工具…………………………………………………………… 38
　模块一　常用材料………………………………………………………………… 38
　模块二　砌筑工具和脚手架……………………………………………………… 44
第四单元　砌筑工程…………………………………………………………………… 54
　模块一　普通黏土砖组砌方法…………………………………………………… 54
　模块二　砖石基础的砌筑………………………………………………………… 79
　模块三　砖墙的砌筑……………………………………………………………… 88
　模块四　砌块砌筑………………………………………………………………… 104
　模块五　窨井、渗井及化粪池砌筑……………………………………………… 114
第五单元　一般抹灰施工……………………………………………………………… 121
　模块一　抹灰工常用工具………………………………………………………… 121
　模块二　抹灰基本知识…………………………………………………………… 125
　模块三　抹灰操作基本方法……………………………………………………… 126

第一单元　职业道德与劳动保护

培训目标
1. 了解砌筑工的工作内容。
2. 熟悉砌筑工的职业要求。
3. 能做到劳动保护。
4. 熟悉建筑企业安全施工规程。
5. 掌握砌筑工安全操作基本知识。
6. 了解建筑企业文明施工要求。

模块一　砌筑工入职准备

一、砌筑工的工作内容

砌筑工（见图1—1）是使用手工工具及机具，将砖、石及水泥、砂子、石灰等材料，有序地组砌成基础、墙体等构件，以达到建筑标准要求的一种建筑工种。它是建筑施工行业的基本工种之一，也是我国有悠久历史的专业工种之一。我国采用砖墙已有2 000多年的悠久历史，从战国时期开始使用至今，素有"秦砖汉瓦"之称。

砌筑工的主要工作内容包括：砌筑砂浆的配制，常用砌筑工具和机械的使用与维护，砌筑施工与质量控制等。

 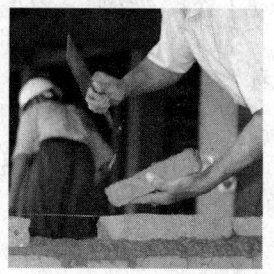

图1—1　砌筑工

本书主要介绍在建筑结构施工中，砌筑工应当掌握的建筑识图与房屋构造、常用建筑材料、常用手工工具、砌筑技法及施工技术等。

二、建筑工人的职业要求
1. 建筑施工多为户外施工，劳动强度大，工作条件恶劣，无论风吹日晒、酷暑严寒，建筑工人都要坚持施工。建筑施工流动性大，哪里有工程，就要到哪里，生活条件较差。所以，作为一名建筑工人，必须做好吃苦耐劳的准备，要不怕脏、不怕累，勇挑重担。

2. 建筑产品的质量优劣关系到人民生命财产的安全和社会安定。因此，"严格把关、质量第一"是建筑工人最基本的要求之一。在建筑施工中，必须按照工程设计图样和施工技术标准施工，不得偷工减料。坚持百年大计，质量第一，不合格的工程绝不交付使用。

3. 建筑行业具有施工流动性、施工作业的露天性、高空性、地下性和手工性，这些都对建筑施工的安全产生了威胁。如果没有安全防范意识，则很容易发生安全事故，将给建筑工人自身及其家庭、企业、社会带来极大的伤害和损失，所以，在建筑施工的全过程中，必须认真贯彻"安全第一、预防为主、综合治理"的方针，加强安全管理，做到安全生产。

4. 在建筑施工中应注重文明施工，做到物料堆放整齐，珍惜一砖一木，不浪费原材料和能源；做好环境保护，不乱扔建筑废弃物；夜间施工严格控制噪声；讲究卫生，努力在建筑工地营造一个良好的生活环境。

5. 建筑施工技术的发展越来越快，新材料、新工艺被广泛应用到建筑施工中，这就要求建筑工人必须要不断学习，努力提高自身技术水平，增强技能。作为初级砌筑工，要能看懂基本建筑施工图，会使用各种常用砌筑工具，配制符合要求的砌筑砂浆，正确认识和使用各种砌筑材料，掌握安全施工技术要领，能够完成建筑基础及各种形式墙体的砌筑工作，能进行一般墙面、地面及顶棚抹灰并达到相应质量要求。

模块二　建筑施工劳动保护

一、劳动保护的概念及重要性

劳动保护是国家为了保护劳动者在劳动过程中的安全与健康，在改善劳动条件、预防工伤事故和职业危害、实现劳逸结合，以及加强女职工和未成年工保护方面所采取的各种组织措施和技术措施的总称。

劳动保护的目的有以下几方面：

1. 减少或杜绝工伤事故和职业病的发生。
2. 保障劳动者的安全与健康。
3. 保证企业安全生产，提高效益。

从近几年建筑行业工伤事故发生的情况来看，不安全隐患大多存在于高处作业、交叉作业、垂直运输及电动工具触电等几方面。每年在这四个方面发生的事故占事故总数的70%以上。采取可靠的劳动保护措施，可以有效避免或减少伤亡事故的发生，因此，每个建筑工人都必须重视劳动保护。

二、劳动保护的指导方针

劳动保护工作的指导方针是"安全第一，预防为主、综合治理"。

"安全第一"包含的主要内容是：确立保护人的安全和健康是第一位的原则，尽最大努力避免人员伤亡和职业病的发生。劳动者在各自的工作岗位上把贯彻安全生产法规摆在第一位，决不做有损安全生产的事情。当生产任务同安全发生矛盾时，坚决贯彻"生产服从安全"的原则，排除不安全因素后再进行生产。

"预防为主"包含对伤亡事故的预防和对职业病危害的预防。

"综合治理"就是要标本兼治，重民治本，采取各种管理手段预防事故发生。

三、个人劳动防护用品

正确选择和穿戴个人劳动防护用品，是杜绝安全事故的有效措施之一。

1. 安全帽

安全帽由帽壳、帽衬、下颚带三部分组成，如图1—2所示。选用质量合格的安全帽，其帽衬顶端与帽壳内顶面必须保持25～50 mm的垂直距离。有了这个间隙，才能有效地吸收冲击能量，使冲击力分布在头盖骨的整个面积上，减轻对头部的伤害。

大量事实证明，戴好安全帽可以有效地降低施工现场伤亡事故的发生概频，有很多伤亡事故都是因为进入施工现场的人员不佩戴安全帽或没有正确佩戴安全帽而引起的。佩戴安全帽时，必须戴正安全帽，系好安全帽下颚带，戴紧安全帽。

图1—2 安全帽

此外，要定期检查安全帽，确保其完好、无破裂。

2. 安全带

国家规定，2 m以上的悬空作业必须使用安全带。建筑安全带如图1—3所示。

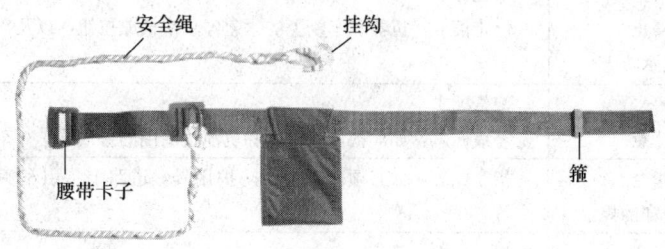

图1—3 建筑安全带的构造

安全带必须有产品检验合格证，否则不得使用。安全带使用2年后应抽检1次，合格后方可继续使用。安全带的使用期为3～5年，对使用频繁的安全绳要经常做外观检查，发现异常情况应提前报废。

安全带使用时应高挂低用，如图1—4所示，注意防止摆动和碰撞。若安全带低挂高用，一旦发生坠落，将增加其冲击力，增加坠落危险。安全绳的长度应控制在1.2～2 m，若使用3m以上的长绳应加缓冲器。不准将安全绳打结使用，也不准将挂钩直接挂在安全绳上使用，挂钩应挂在连接环上。安全带上的各种部件都不得任意拆掉。

3. 其他个人防护用品

建筑工地除经常使用的安全帽、安全带等个人防护用品外，还有防止眼睛和面部受到伤害的护目镜和防护面罩，防触电的绝缘手套和绝缘鞋，防尘的自吸过滤式口罩，如图1—5所示。

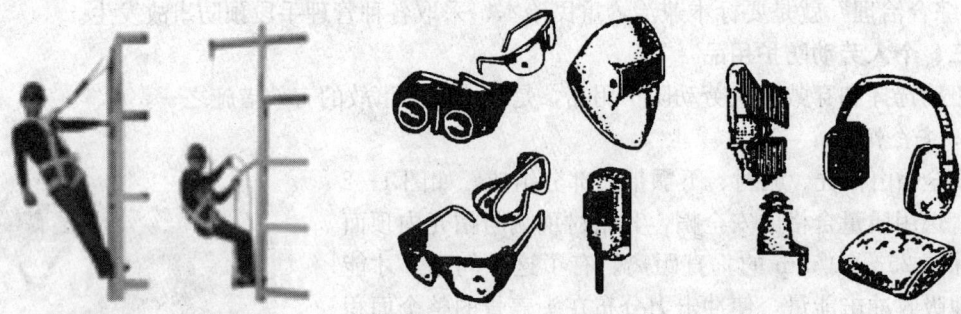

图1—4 安全带的使用　　　　　图1—5 安全防护用品

四、安全色和安全标志

1. 安全色

安全色是表达"禁止""警告""指令"和"指示"等安全信息的颜色，必须引人注目且辨认简易。国家标准《安全色》（GB 2893—2008）采用红、黄、蓝、绿四种颜色，其含义和用途见表1—1。

表1—1　　　　　　　　　　安全色的含义和用途

颜色	含义	用途举例
红色	禁止 停止 也表示防火	禁止标志 停止信号：机器、车辆上的紧急停止手柄或按钮，以及禁止人们触动的部位等
黄色	警告 注意	警告标志 警戒标志：如厂内危险机器和坑池边周围的警戒线，行车中心线，安全帽等
蓝色	指令 必须遵守的规定	指令标志：如必须佩戴个人防护用具，道路上指引车辆和行人行驶方向的指令等
绿色	提示 安全状态 通行	提示标志 车间内的安全通道，行人和车辆通行标志，消防设备和其他安全防护设备的位置等

2. 安全标志

安全标志由安全色、几何图形和符号构成。其目的是引起人们对不安全因素、不安全环境的注意，预防事故的发生。在国家标准《安全标志及其使用导则》（GB 2894—2008）中，共规定了四大类（即禁止、警告、指令和指示）56个安全标志，见表1—2。

表 1—2　　　　　　　　　　安全标志

图形	含义	图形	含义
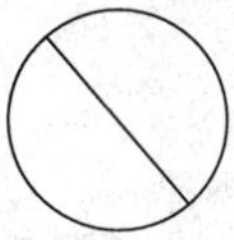 ⊘	禁止	○	指令
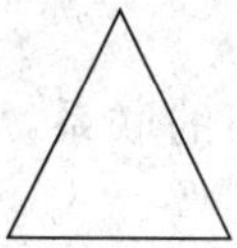 △	警告	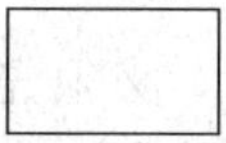 ▭	提示

常见的安全标志如图 1—6 所示。

图 1—6　安全标志

模块三 建筑安全文明施工

一、建筑企业安全施工规程

1. 进入施工现场时,任何人都必须佩戴符合标准的安全帽,严禁赤脚、穿拖鞋进入施工现场,严禁饮酒后上班。

2. 在进入现场施工时,必须先熟悉环境,并与其他工种保持密切的联系,注意相互配合。

3. 坠落高度距离基准面在 2 m 及 2 m 以上时的作业称为高处作业,它又分为临边作业(指尚未安装栏杆的阳台周边、无外架防护的层面周边、框架工程楼层周边、上下跑道及斜道的两侧边、卸料平台的侧边)、洞口作业(指楼梯口、电梯井口、预留洞口、通道口)和独立悬空作业。高处作业人员必须先挂好安全带;禁止穿硬底和带钉、易滑的鞋在高处作业;洞口必须设立防护栏杆。

4. 凡患有高血压、心脏病、贫血病、癫痫病以及其他不适于高处作业疾病的人,不得从事高处作业;六级以上强风、雷雨或暴雨、风雪和雾天禁止露天高处作业。

5. 登高作业使用的工具,要放在工具箱或工具袋内,常用的工具应系带在身上。作业所需材料或其他工具,必须用牢固结实的绳索传递,禁止用手来回抛掷,以免掉落伤人。作业结束后,所用工具应清点收回,防止遗留在作业现场而掉落伤人。

6. 高处作业时,无论下面有人无人,都不可以将物料往下扔。严禁在石棉瓦、刨花板、三合板等顶棚上行走。

7. 人字梯应采取防滑措施,安装坚固的铰链和限制开展的拉链;在湿滑地面使用人字梯时应采取防滑措施,支设角度以 60°~70°为宜;施工人员站在人字梯上时,人字梯的最高横档应高于人体脚跟 1.5 m,只有人下梯后才能移动梯子。

8. 在公共场所的施工现场,必须设置明显标志和安全防护设施。

9. 为防止预留洞坠落事故的发生,在混凝土楼板预留的洞口上,必须设置牢固的盖板、防护栏杆、安全网或其他防坠落的防护措施。

10. 施工现场危险地区,在光线较差和夜间时应设红灯示警。

11. 在开挖较大、较深的管沟、基坑时,应根据土质、规范等放置边坡或挡板,且现场应始终有人观察情况。

12. 当现场有人身上着火时,旁边的人应用衣服覆盖在着火者身上,或让着火者自己在地上连续打滚,将火焰扑灭。

13. 不可以随意挪动和拆除施工现场的各种防护装置与安全标志。

14. 无关人员禁止站在起吊设备下方。

15. 当发生伤亡事故时,首先对伤者进行现场急救(在现场实施必要和及时的抢救措施是医院治疗的前期准备），并及时拨打救护电话120；发生火灾时，立即拨打火警电话119，并注意保护现场。

二、砌筑工安全操作注意事项

1. 砌体高度超过1.2 m时，应搭设脚手架；2 m以上（含2 m）作业必须有可靠的立足点及防护措施；搭设的脚手架必须牢固、稳定。

2. 砍砖应面向墙面，工作完毕应将脚手板和砖墙上的碎砖、灰浆清理干净，防止掉落伤人，如图1—7所示。

3. 勾缝抹灰使用的木凳或金属支架应搭设平稳牢固，脚手板跨度不得大于2 m；脚手板两端有紧固措施，不得出现探头板。

4. 脚手架上堆放材料不得过于集中，材料、机具必须放妥，防止坠落伤人；在脚手架上不得奔跑、嬉戏或多人拥挤操作，同一块脚手板上不得超过两人，如图1—8所示；不得倚靠防护栏杆休息或在坑洞处滞留。

图1—7 砍砖应面向墙面

图1—8 同一块脚手板上不超过两人

5. 施工中如需上下层同时进行操作，上下两层间必须设有专用的防护棚或其他隔离设施，否则不得让工人在下方工作。

6. 禁止踩踏在阳台栏板或脚手架栏杆上进行操作，如图1—9所示；不准在墙顶行走、操作及划线、刮缝，如图1—10所示；不准用不稳的物体垫高脚手板操作。

7. 用手推车装运物料时，应注意平衡，掌握重心；推车时不得猛跑和撒把溜放，前后车距在平地时不得少于2 m，下坡时不得少于10 m，如图1—11所示；倒料处应设有挡车措施。

8. 垂直运输设备未停稳，禁止进行物料装卸；等斗车时，要站在卸料平台防护门内侧，严禁将头、手探出防护门；斗车推出后，要随手关闭防护门。

9. 施工机具在使用前必须先试运转，操作人员不得擅离职守，必须随时注意机械的运转状况。

图1—9 禁止踩踏在阳台栏板或脚手架栏杆上操作

图1—10 不准在墙顶行走

10. 水泥砂浆拌料时，严禁踩踏在砂浆机的护栅上进行上料操作，以免发生事故，如图1—12所示。搅拌机在运行中严禁将铁铲等工具伸入机内，如图1—13所示。

11. 使用振动器必须穿绝缘鞋，使用磨石机、Ⅰ类手持电动工具等设备时应戴绝缘手套，湿手不得接触开关；电源线架设时应有绝缘措施，不得有破皮漏电，禁止将电源线缠绕在钢筋上或随意拖放在地上，如图1—14所示。

12. 不得擅自搭接线路，机具的插头不得随意拆除或更换，严禁将电线的金属丝直接插入插座，如图1—15所示。

图1—11 下坡时不准撒把溜放

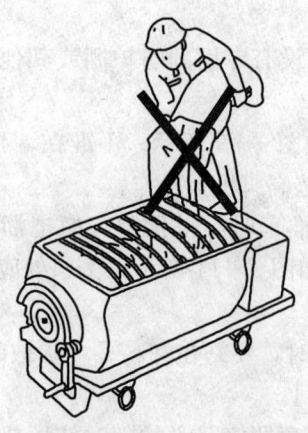

图1—12 严禁踩踏在砂浆机的护栅上进行上料操作

图1—13 搅拌机运行中严禁将铁铲等工具伸入机内

图 1—14 电源线禁止在地上随意拖放　　图 1—15 禁止将电线直接插入插座

13. 用起重机吊砖要用砖笼；当采用砖笼往楼板上放砖时，要均匀分布，并预先在楼板底下加设支柱或横木承载；砖笼严禁直接吊放在脚手架上；吊砂浆的料斗不得装得过满，装料量应低于料斗上沿 100 mm。

三、建筑企业文明施工

文明施工就是要通过对施工现场中的质量、安全防护、安全用电、机械设备、技术、消防保卫、场容、卫生、环保、材料等各个方面的管理；创造良好的施工环境和施工秩序；促进安全生产、加快施工进度、保证工程质量、降低工程成本、提高企业经济效益和社会效益。基本要求如下：

1. 建筑工地的四周应按规定设置连续、密闭的围栏；建造多层、高层建筑，应设置安全防护设施；不得在工地围栏外堆放建筑材料、垃圾和工程渣土。

2. 施工现场应实行封闭管理，门口设置门卫，来访人员需进行登记；进出料要有收发手续。

3. 建筑工地应设置排水沟或下水道，排水须保持通畅；防止泥浆、污水、废水外流以及堵塞下水道和排入河道；工地地面应平整，不得有积水。

4. 料堆要堆放整齐，并按规定挂置名称、品种、规格、数量、进货日期等标牌及状态标识（已检合格、待检或不合格）；易燃易爆物品应设置危险品仓库并做到分类存放、严格管理。

5. 工作面每日应做到工完料尽场地清。建筑垃圾应在指定场所堆放整齐，及时清运。

6. 建筑工地宿舍要符合文明施工的要求。在建建筑物内不得兼作宿舍。宿舍及其周围要保持环境卫生整洁。按照卫生标准和环境卫生作业要求，生活区内应有"五有"设施，即食堂、宿舍（更衣室）、厕所、医务室（医药急救箱）、茶水供应点（茶水桶），冬季应注意防寒保暖，夏季应有防暑降温措施。

7. 根据消防要求，在不同场所合理配置种类合适的灭火器材。

8. 施工现场需动用明火作业的如：电焊、气割、熬炼沥青等，必须严格执行三级动火审批手续，并落实动火监护和防火措施。

9. 加强对施工现场粉尘、噪声、废气的监测和监控工作，及时采取措施消除粉尘、废气和污水的污染。凡在人口稠密区进行强噪声作业时，须严格控制作业时间，一般晚 10 点到次日早 6 点之间应停止噪声作业。确系特殊情况必须昼夜施工时，尽量采取降低噪声措施，出安民告示，求得群众谅解。

练习

1. 建筑工人有哪些职业要求？
2. 如何正确佩戴安全帽？安全带如何使用？
3. 简述砌筑工安全操作基本知识。
4. 简述建筑企业安全文明施工主要内容。

第二单元 建筑识图与构造

培训目标

1. 了解民用建筑的分类。
2. 了解房屋施工图的分类,了解阅读施工图的方法。
3. 能记忆常用建筑材料及图例、构配件代号。

模块一 认识建筑物

一、初识房屋

房屋由许多构件、配件和装修构造构成,现以一幢学生宿舍楼为例,如图2—1所示,说明房屋的组成部分及作用。

房屋的这些构件、配件和装修构造,有些起着直接或间接地支撑风、雪、人、物等荷载的作用,如屋面、楼面、梁、墙、基础等;有些起着防止风、沙、雨、雪和阳光的侵蚀或干扰的作用,如屋面、雨篷和外墙等;有些起着沟通房屋内外或上下交通的作用,如门、走廊、楼梯、台阶等;有些起着通风、采光的作用,如窗等;有些起着排水的作用,如天沟、雨水管、散水、明沟等;有些起着保护墙身的作用,如勒脚、防潮层等。

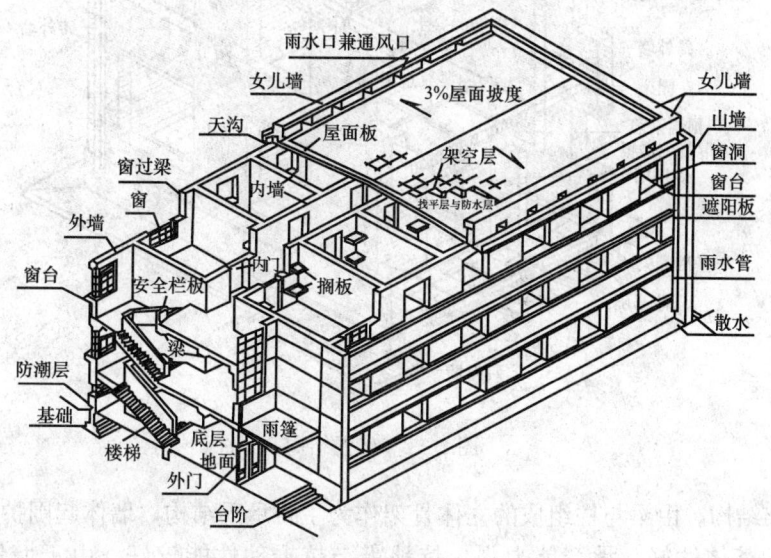

图2—1 房屋的组成

二、民用建筑的分类

民用建筑按用途分为居住建筑，如各种住宅楼、宿舍楼等；公共建筑，如各种商业大楼、教学楼、影剧院、体育馆等；综合建筑，如商住楼（下部为商业用房，上部为住宿用房）、多功能大厦等。按建筑层数与高度分为1～3层的低层建筑、4～6层的多层建筑、7～9层的中高层建筑、10层以上或高度超过24 m的高层建筑以及高度超过100 m以上的超高层建筑。

按主体承重结构用料和承重方式不同，民用建筑还可分为砖石结构、木结构、砖木结构、砖混结构、框架结构和框架—剪力墙结构。下面主要介绍目前普遍使用的砖混结构、框架结构和框架—剪力墙结构。

(1) 砖混结构。墙体用砖砌体作为承受竖向荷载的构件，楼板用钢筋混凝土板作为水平承重结构构件。墙体中可设置钢筋混凝土圈梁和构造柱。楼层和屋顶结构可用现浇或预制梁板，屋顶做成坡顶或平顶。这类结构整体性好，耐火性较好，取材方便，施工不需大型起重设备，造价一般。用于低层、多层的居住建筑和办公建筑，如图2—2所示。

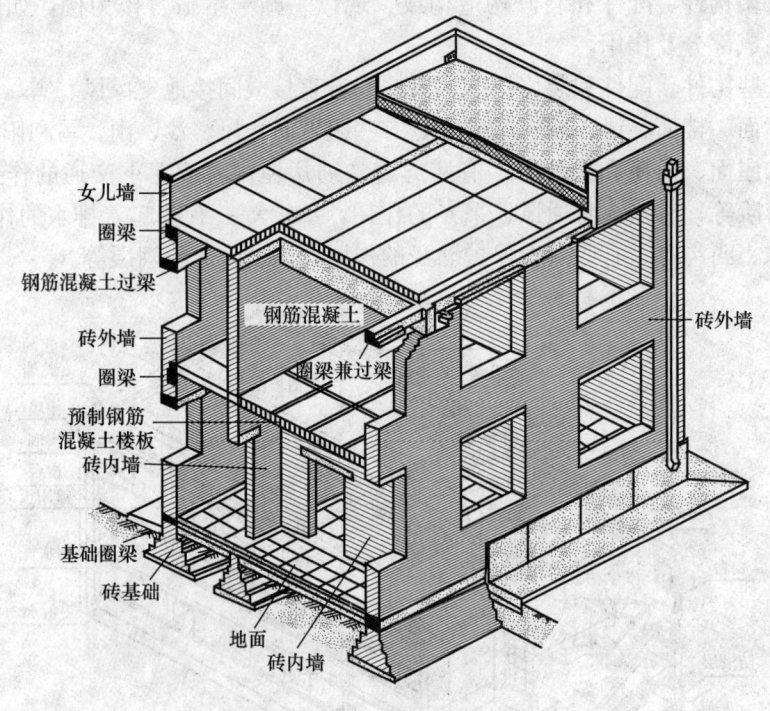

图2—2 砖混结构

(2) 框架结构。由梁与柱组成的立体骨架作为主要承重结构，墙体起围护分隔作用。这种结构形式的整体性好，承载能力强，抗地震与抗振动性能较好。由于墙体不承重，便于开设大门大窗,房间利用灵活,可自由分隔和拆除。但这种结构耗钢量较大,施工技术要求高,造价较高。一般用于中高层、高层民用建筑和大空间及多功能建筑等,如图2—3所示。

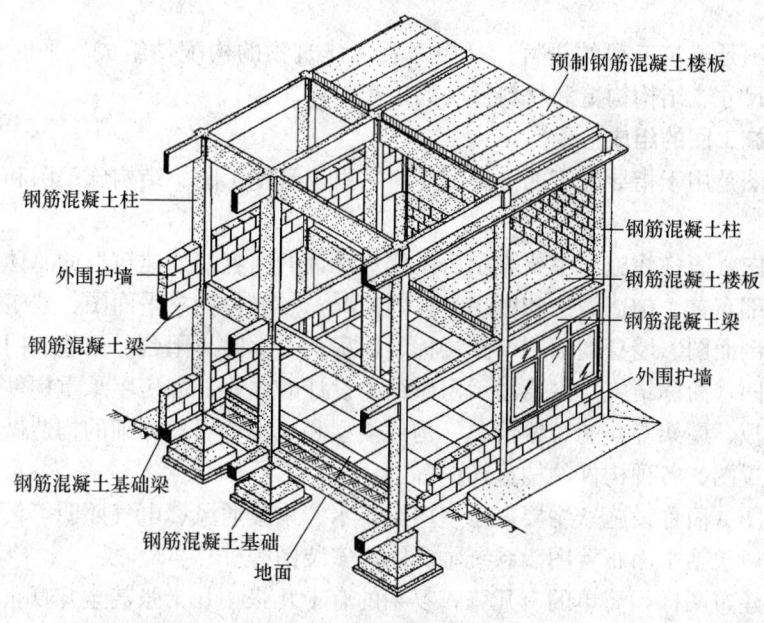

图2—3 框架结构

(3) 框架—剪力墙结构。建筑以框架结构为主,只是在适当的位置设置必要刚度的钢筋混凝土墙。多用于柱距较大和层高较高的高层公共建筑中,如图2—4所示。

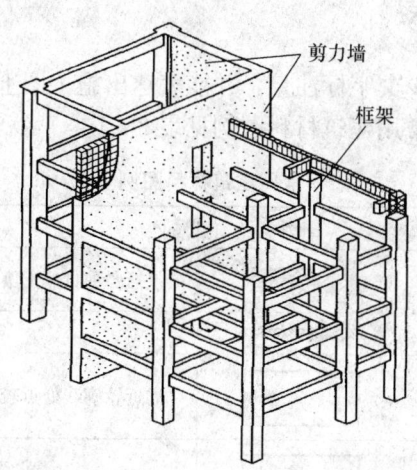

图2—4 框架—剪力墙结构

模块二　建筑施工图的识读

房屋施工图是建筑工程的语言，是用来表达建筑物的构配件组成、平面布局、外形轮廓、装饰装修尺寸、结构构造和材料做法的工程图样。

一、房屋施工图的组成

房屋施工图是用于指导施工的一套图样，它由建筑施工图、结构施工图和设备施工图三部分组成。

建筑施工图（简称建施）主要表示房屋建筑设计的内容，如建筑群的总体布局、房屋的整体形状、内部布置、构造做法和所用材料等情况。一般包括总平面图、建筑平面图、建筑立面图、建筑剖面图、墙身剖面图以及楼梯、厨房、卫生间、阳台、雨篷、门窗等详图。

结构施工图（简称结施）主要表示房屋结构设计的内容，如房屋承重构件（基础、承重墙、柱、梁、板、屋架等）的布置情况、构件类型和大小，以及详细的构造做法等。一般包括结构平面布置图、各种构件的构造详图等。

设备施工图（简称设施）主要表示室内给排水、采暖通风、电气照明等设备的布置和安装要求等。一般包括平面布置图、系统轴测图与安装图等。

一套房屋建筑图样，简单的有几张，复杂的有十几张、几十张甚至几百张。在一般的施工图样中，往往有一张首页图。在这张图中，列出了全套图样的目录（包括图名及其所在的图样编号，如建施1、建施2……；结施1、结施2……），统一的构造设计说明和有关的建筑经济指标等。

二、常用图例及构件代号

1. 常用建筑材料图例

为了简化绘制图样和减少文字标注量，并能表达出施工图上一些比例较小的图形，常采用示意性的图例符号表达。常用建筑材料图例见表2—1。

表2—1　　　　　　　　　　　常用建筑材料图例

序号	名称	图例	说明
1	自然土壤		包括各种自然土壤
2	夯实土壤		
3	砂子、灰土		靠近轮廓线处点较密
4	砂子、砾石、碎砖三合土		

续表

序号	名称	图例	说明
5	天然石材	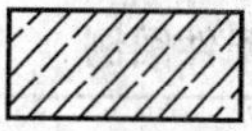	包括岩层、砌体、铺地、贴面等材料
6	毛石	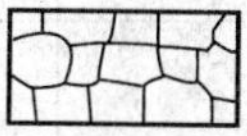	
7	普通砖	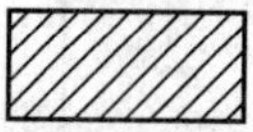	①包括砌体、砌块 ②断面较窄，不易画出图例线时，可涂黑
8	耐火砖	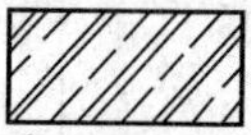	包括耐酸砖等
9	空心砖		包括各种多孔砖
10	饰面砖		包括铺地砖、马赛克、陶瓷锦砖、人造大理石等
11	混凝土	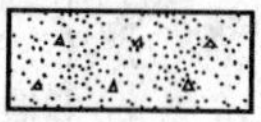	①本图例仅适用于能承重的混凝土及钢筋混凝土 ②包括各种标号、骨料、添加剂的混凝土 ③在剖面图上画出钢筋时，不画图例线 ④断面较窄，不易画出图例线时，可涂黑
12	钢筋混凝土	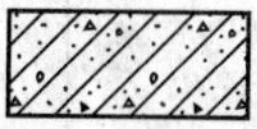	
13	焦渣、矿渣	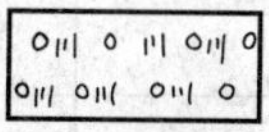	包括与水泥、石灰等混合而成的材料
14	多孔材料		包括水泥珍珠岩、沥青珍珠岩、泡沫混凝土、非承重加气混凝土、泡沫塑料、软木等
15	纤维材料	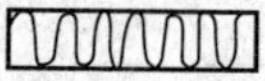	包括麻丝、玻璃棉、矿渣棉、木丝板、纤维板等
16	松散材料		包括木屑、石灰木屑、稻壳等
17	木材	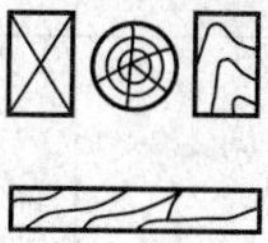	①上图为横断面，左上图为垫木、木砖、木龙骨 ②下图为纵断面
18	胶合板	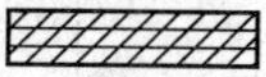	应注明×层胶合板
19	石膏板	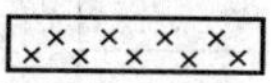	
20	金属		①包括各种金属 ②图形小时，可涂黑
21	网状材料		①包括金属、塑料等网状材料 ②注明材料

2. 常用构造及配件图例

常用构造及配件图例见表2—2。

表2—2　　　　　　　　　　常用构造及配件图例

序号	名称	图例	说明
1	坡道	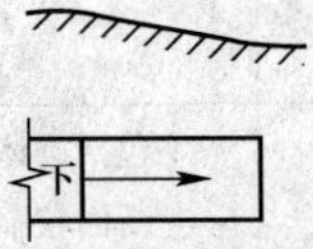 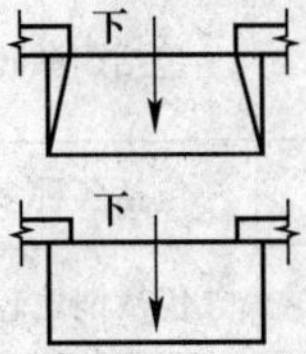	上图为长坡道，下图为门口坡道
2	平面高差	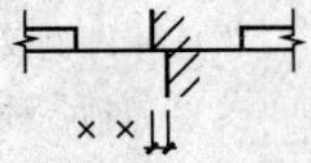	适用于高差小于100 mm的两个地面或楼面相接处
3	检查孔		左图为可见检查孔 右图为不可见检查孔
4	孔洞		阴影部分可以涂色代替
5	坑槽		
6	墙预留洞	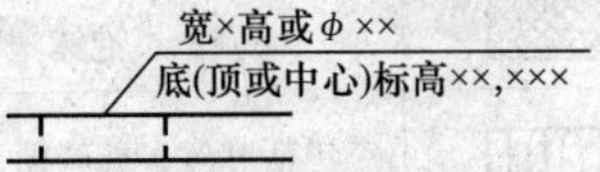 宽×高或φ×× 底(顶或中心)标高××.×××	①以洞中心或洞边定位 ②宜以涂色区别墙体和留洞位置
7	墙预留槽	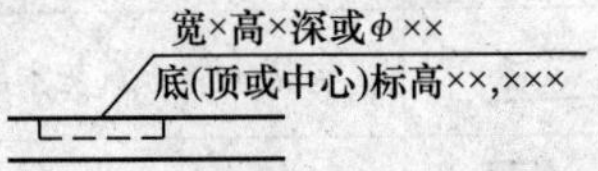 宽×高×深或φ×× 底(顶或中心)标高××.×××	
8	烟道	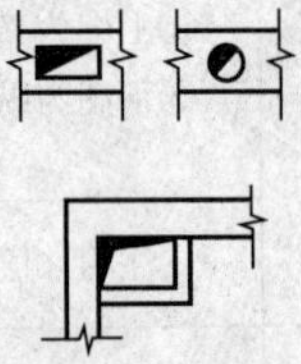	①阴影部分可以涂色代替 ②烟道与墙体为同一材料，其相接处墙身线应断开
9	通风道	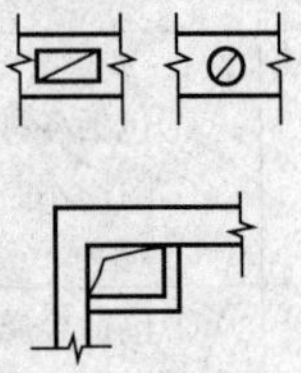	

续表

序号	名称	图例	说明
10	新建的墙和窗	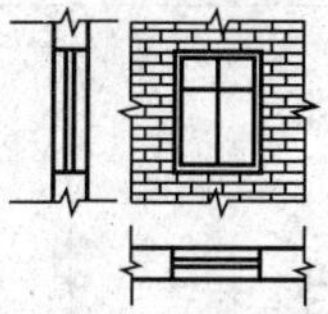	①本图以小型砌块为图例,绘图时应按所用材料的图例绘制,不易以图例绘制的,可在墙面上以文字或代号注明 ②小比例绘图时,平、剖面窗线可用单粗实线表示
11	改建时保留的原有墙和窗	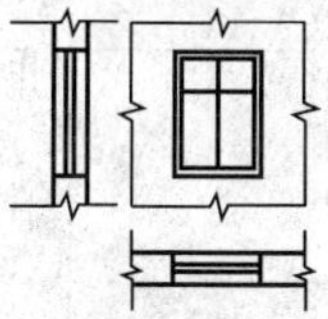	
12	应拆除的墙	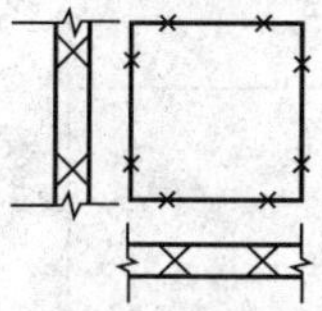	
13	在原有墙或楼板上新开的洞	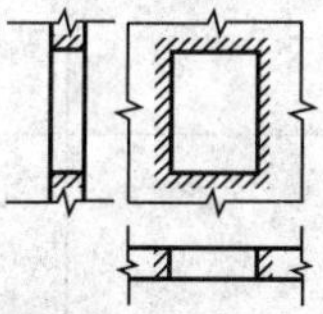	
14	在原有洞旁扩大的洞	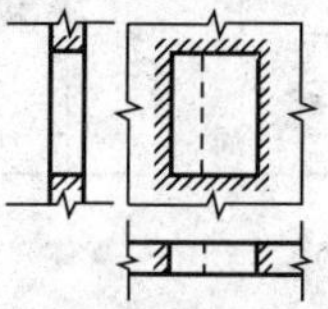	
15	在原有墙或楼板上全部填塞的洞	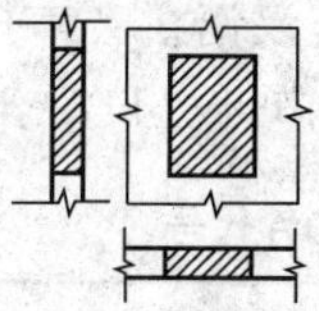	
16	在原有墙或楼板上局部填塞的洞	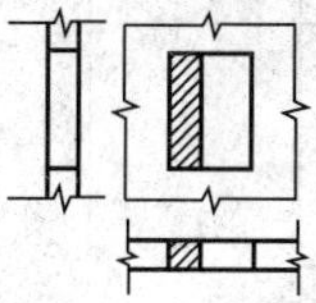	
17	空门洞	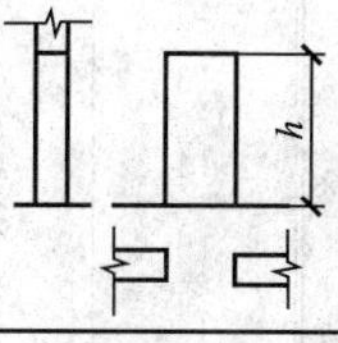	h 为门洞高度

续表

序号	名称	图例	说明
18	单扇门（包括平开或单面弹簧）	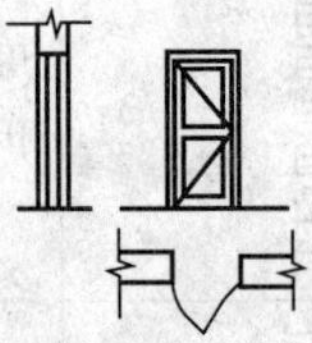	①门的名称代号用 M ②图例中剖面图左为外、右为内，平面图下为外、上为内 ③立面图上开启方向线交角的一侧为安装合页的一侧，实线为外开，虚线为内开 ④平面图上门线应 90°或 45°开启，开启弧线宜绘出 ⑤立面图上的开启线在一般设计图中可不表示，在详图及室内设计图上应表示 ⑥立面形式应按实际情况绘制
19	双扇门（包括平开或单面弹簧）	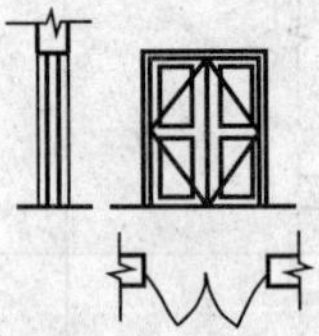	
20	对开折叠门	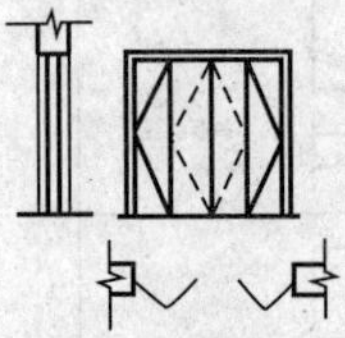	
21	推拉门	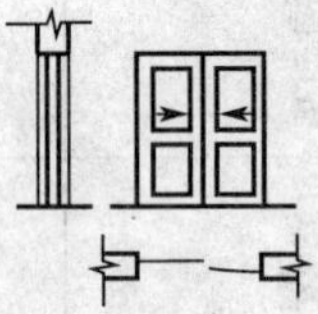	①门的名称代号用 M ②图例中剖面图左为外、右为内，平面图下为外、上为内 ③立面形式应按实际情况绘制

3. 常用构件代号

构配件代号是取构件、配件名称的第一个汉语拼音声母组合而成的。如"楼梯板"，汉语拼音为"lou ti ban"，各取"梯板"第一个声母"TB"组合简化而成，见表 2—3。

表 2—3　　　　　　　　常用构件代号

序号	名称	代号	序号	名称	代号
1	板	B	9	挡雨板或檐口板	YB
2	屋面板	WB	10	吊车安全走道板	DB
3	空心板	KB	11	墙板	QB
4	槽形板	CB	12	天沟板	TGB
5	折板	ZB	13	梁	L
6	密肋板	MB	14	屋面梁	WL
7	楼梯板	TB	15	吊车梁	DL
8	盖板或沟盖板	GB	16	圈梁	QL

续表

序号	名称	代号	序号	名称	代号
17	过梁	GL	30	设备基础	SJ
18	连系梁	LL	31	桩	ZH
19	基础梁	JL	32	柱间支撑	ZC
20	楼梯梁	TL	33	垂直支撑	CC
21	檩条	LT	34	水平支撑	SC
22	屋架	WJ	35	梯	T
23	托架	TJ	36	雨篷	YP
24	天窗架	CJ	37	阳台	YT
25	框架	KJ	38	梁垫	LD
26	刚架	GJ	39	预埋件	M
27	支架	ZJ	40	天窗端壁	TD
28	柱	Z	41	钢筋网	W
29	基础	J	42	钢筋骨架	G

注：1. 预制钢筋混凝土构件、现浇钢筋混凝土构件、钢构件和木构件，一般可直接采用本表中的构件代号。在设计中，当需要区别上述构件种类时，应在图样中加以说明。

2. 预应力钢筋混凝土构件代号，应在构件代号前加注"Y—"，如 Y-DL 表示预应力钢筋混凝土吊车梁。

三、建筑工程图的识读

1. 建筑平面图

（1）建筑平面图的形成和作用。假想用一水平剖切平面沿着房屋各层门、窗洞口将房屋切开，移去剖切平面以上的部分，向下作水平投影所得到的正投影图称为建筑平面图，简称平面图，如图 2—5 所示。

建筑平面图主要用来表示房屋的平面形状和大小，内部功能的分割，房间的大小，楼梯、门窗的位置和大小，墙厚等。在施工过程中，放线、砌筑墙体、安装门窗以及编制预算等都要用到平面图。图 2—6a 所示是一幢学生宿舍楼的底层平面图，该图除了表示内部情况外，还反映出室外的台阶、花池、散水和雨水管的形状和位置。图 2—6b 所示是该学生宿舍楼的二层平面图。

（2）建筑平面图的内容。

1）图例。在平面图中对房屋的建筑配件（如门窗、楼梯、烟道、通风道等）和卫生设备（如洗脸盆、座便器等）等都不能按真实投影画出，而是要用标准中规定的图例来表示。

2）定位轴线及编号。定位轴线是标定墙、柱和屋架等承重构件位置的，是施工放线、测量定位的依据。在房屋施工图中，承重墙、柱都注有定位轴线并进行了编号。横向墙、柱轴线按水平方向从左至右用阿拉伯数字 1、2、3……依次编号；纵向墙、柱轴线按垂直方向由下向上用英文字母 A、B、C……依次编号。

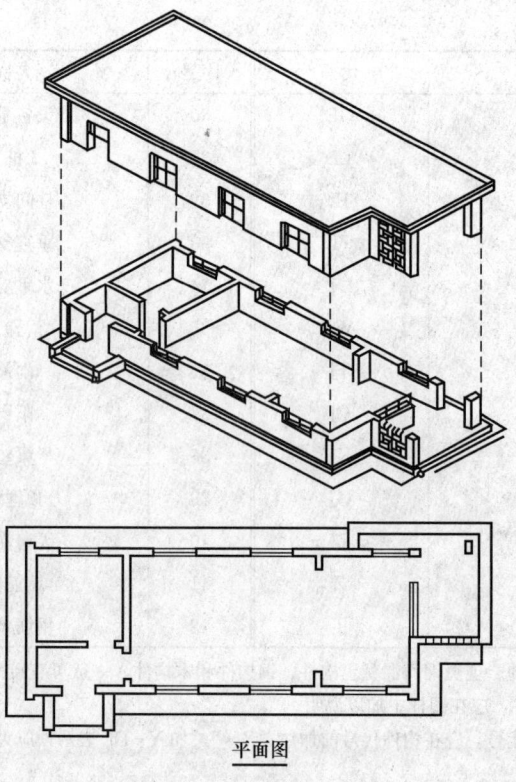

平面图

图 2—5 平面图的形成

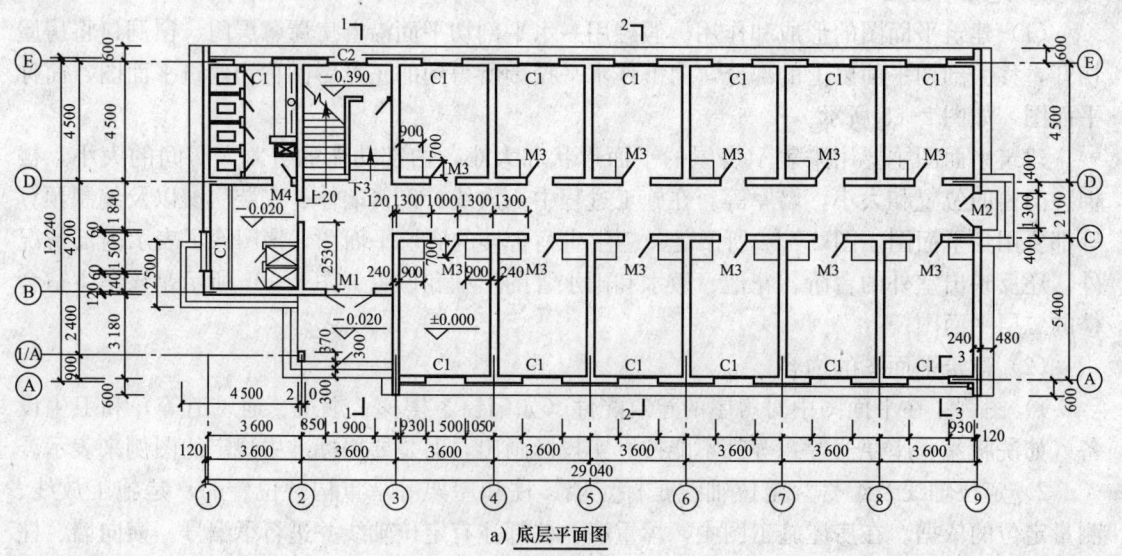

a) 底层平面图

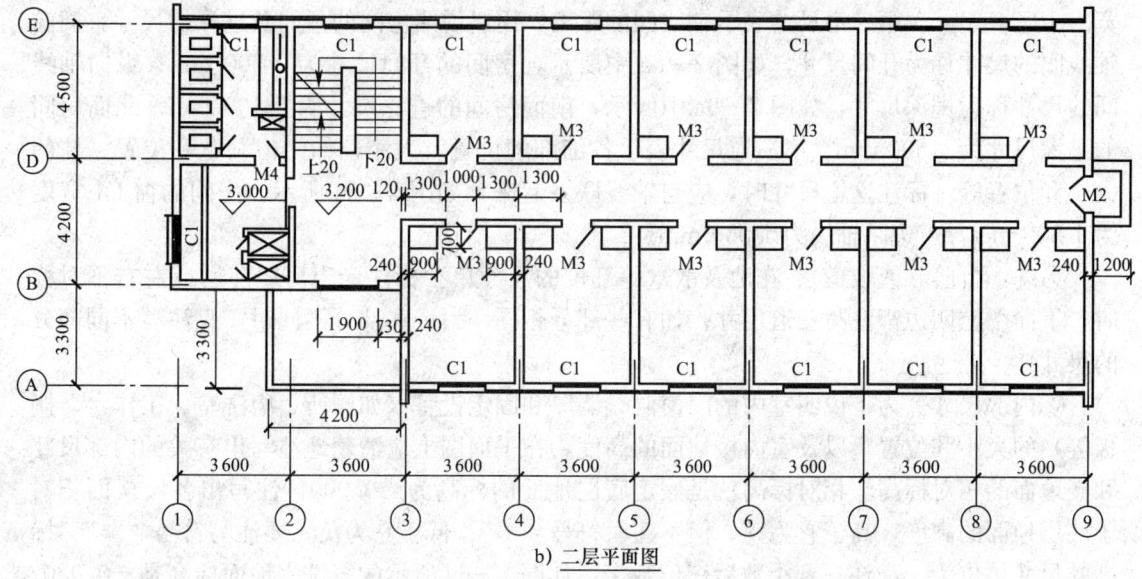

b) 二层平面图

图 2—6 平面图

在两条轴线之间如有附加轴线时，编号用分数表示。如图 2—7 中的 1/2、1/B，其中分母表示前一轴线的编号，分子表示附加轴线的编号。

定位轴线在墙、柱中的位置与墙厚和其上部搁置的梁板支撑长度有关。在砖墙承重的民用建筑中，楼板在墙上的支撑长度一般为 120 mm，所以外墙的定位轴线距墙内皮为 120 mm。如图 2—8 所示，当墙厚为一砖半（俗称三七墙）时，其轴线与墙皮的尺寸关系为：内 120 mm，外 250 mm；当墙厚为二砖（俗称四九墙）时，其轴线与墙皮的尺寸关系为：内 120 mm，外 370 mm；由于内承重墙墙厚一般为一砖（俗称二四墙），所以定位轴线居中。非承重的隔墙也有轴线，但可以不编号。

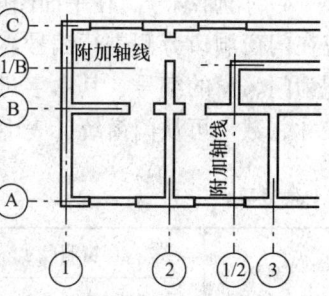

图 2—7 附加定位轴线的编号

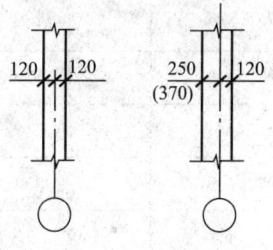

图 2—8 定位轴线与墙厚的关系

3）尺寸标注。需要说明的是，在施工图中除标高以 m 为单位外，其余全部以 mm 为单位。图中注有外部和内部尺寸，从每道尺寸的标注，可以了解各房间的开间、进深、门窗及室内设备的大小和位置。

①外部尺寸。为便于读图和施工，一般在图形的下方及左侧注写三道尺寸。第一道尺寸表示外轮廓的总尺寸，即指从一端的外墙边到另一端的外墙边的总长和总宽的尺寸。如图 2—6a 中所示的总长为 29 040 mm，总

宽为 12 240 mm。第二道尺寸表示轴线间的距离，用以说明房间的开间及进深的尺寸。横向轴线间的尺寸称为开间尺寸，如图 2—6a 中所示，房间的开间尺寸为 3 600 mm；纵向轴线间的尺寸称为进深尺寸，如图 2—6a 中所示，南面房间的进深尺寸为 5 400 mm，北面房间的进深尺寸为 4 500 mm。第三道尺寸表示各细部的位置及大小，如门窗洞宽和位置、柱的大小和位置等。标注这道尺寸时，应与轴线联系起来，如图 2—6a 所示，房间的窗 C1 宽度为 1 500 mm，窗边距轴线为 1 050 mm。

另外，台阶（或坡道）、花池及散水等部位的尺寸单独标注。当房屋前后或左右不对称时，平面图上四边都注写三道尺寸；如有些部分相同，另一些部分不同时，只注写不同部分的尺寸。

②内部尺寸。为了说明室内的门窗洞、墙厚和固定设备（如厕所、盥洗室、工作台、搁板等）的大小和位置，以及室内楼地面的高度，在平面图上应清楚地注写出有关的内部尺寸和楼地面的相对标高。相对标高就是假定底层地面的标高为±0.000，注写出各层楼面相对于底层地面的高度，高于它为正，但不注写符号"＋"；低于它为负，要注写符号"－"。标高的尺寸单位为 m，注写到小数后三位数字，如图 2—6a 所示的盥洗室地面标高是－0.020，即表示该处地面比房间地面低 20 mm。

4）门窗编号。在平面图中，门窗按规定的图例画出。为了区别门窗的类型和便于统计，应在门窗洞口旁侧进行编号，然后根据编号单独列出门窗统计表。平面图中的 M1、C1 等即为门、窗的编号，其中字母 M 是门的代号，C 是窗的代号。各编号所代表门窗的类型、尺寸、数量可从门窗统计表中查得，见表 2—4。

表 2—4 门窗统计表

编号	门窗洞尺寸 宽×高/mm×mm	数量	所在标准图集编号	说明
M1	1 900×2 700	1	XJ 604	
M2	1 300×2 700	3	XJ 604	
M3	1 000×2 700	36	XJ 602	最顶一块门心板改为玻璃
M4	800×2 700	3	ZJ 604	
M5	800×2 700	1	ZJ 602	无亮子
C1	1 500×1 800	42	ZJ 703	
C2	1 500×580	1	ZJ 703	

2. 建筑立面图

（1）建筑立面图的形成和作用。用平行于建筑物各个外墙面的投影面作正投影所得到的正投影图，称为建筑立面图，简称立面图，如图2—9所示。

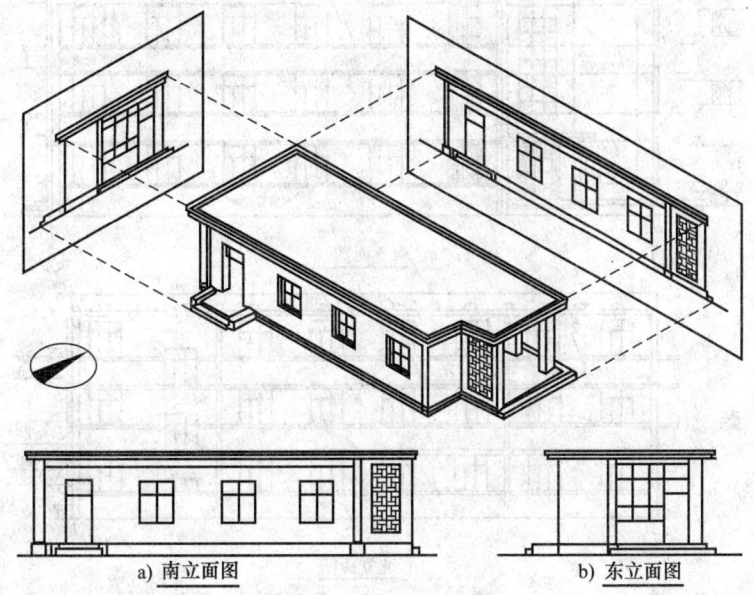

图2—9 立面图的形成

建筑立面图是表示房屋立面外观的视图。其中反映主要出入口或反映房屋比较显著的外貌特征的那一面的立面图，称为正立面图，其余的立面图相应地称为背立面图和侧立面图；立面图的名称也可用两端的定位轴线编号命名，如①～⑨立面图，Ⓐ～Ⓔ立面图等；还可用房屋的朝向来命名，如南立面图、北立面图等。

立面图主要用来表示房屋外部的造型，如立面图的形状、屋顶以及门窗、阳台、台阶、雨篷、柱、雨水管等的样式和位置。此外，还要表示墙面、勒脚、屋面等的用料和墙面装饰的划分方法。

(2) 建筑立面图的内容。

1) 定位轴线。在立面图中一般只画出两端的定位轴线及编号，以便与平面图对照来确定立面图的方向，如图2—10a所示的①、⑨和图2—10c所示的Ⓔ、Ⓐ。

2) 尺寸标注。在立面图中，一般只注写相对标高而不注写大小尺寸，通常要注出室外地坪、出入口地面、勒脚、窗台、门窗顶及檐口等处的标高。房屋立面左右对称时，一般注在左侧；不对称时，左右两侧均要标注。

3) 外部装饰标注。外墙面根据装饰要求，注有各部位的具体做法，如水刷石、面砖、搓砂等。这些墙面做法，在立面图上除用部分图例表示外，还应用文字加以说明，如图2—10a、b、c所示。

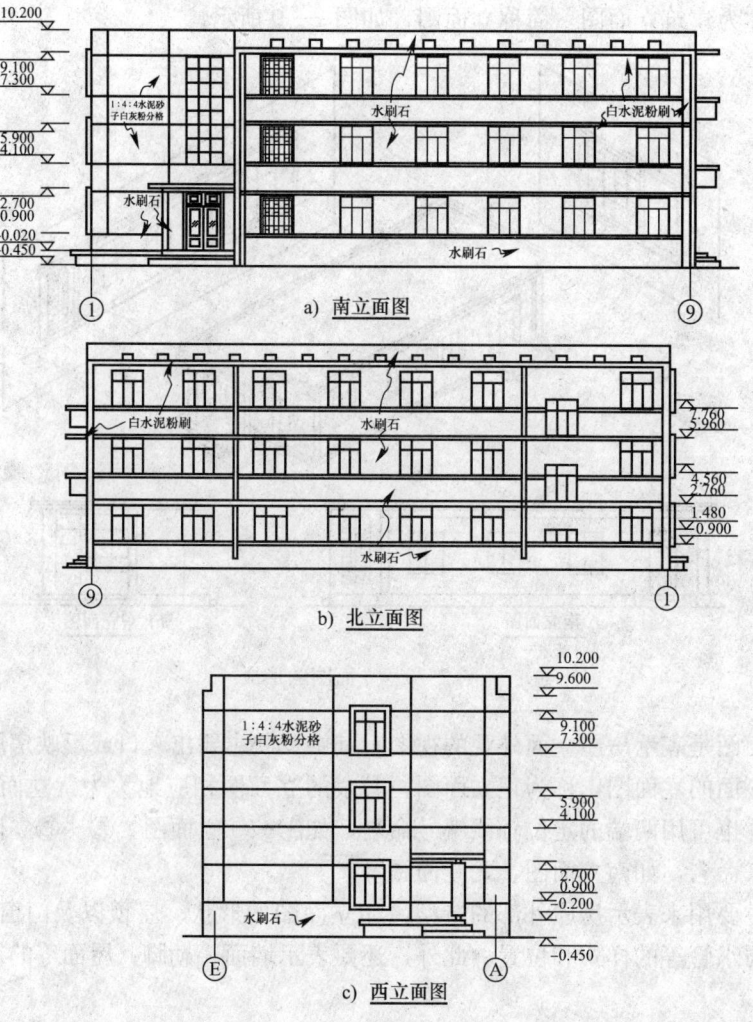

图 2—10 建筑立面图

3. 建筑剖面图

(1) 建筑剖面图的形成和作用。假想用一个垂直剖切平面把房屋剖开,移去靠近观察者的部分,对留下的部分作正投影,所得到的正投影图称为建筑剖面图,简称剖面图。如图 2—11 所示,根据剖切位置不同可将剖面图分为 1—1 剖面图、2—2 剖面图等。

建筑剖面图用来表示房屋内部的结构形式、分层情况和各部位的联系、材料及其高度等,是与平面图、立面图相互配合的不可缺少的重要图样之一。

(2) 建筑剖面图的内容。

1) 剖切符号的标注。剖切位置线和剖视方向线在底层平面图中标出并标注编号,在剖面图下方标注相应编号的图名。剖面图的数量根据房屋的具体情况和施工实际需要确定。剖

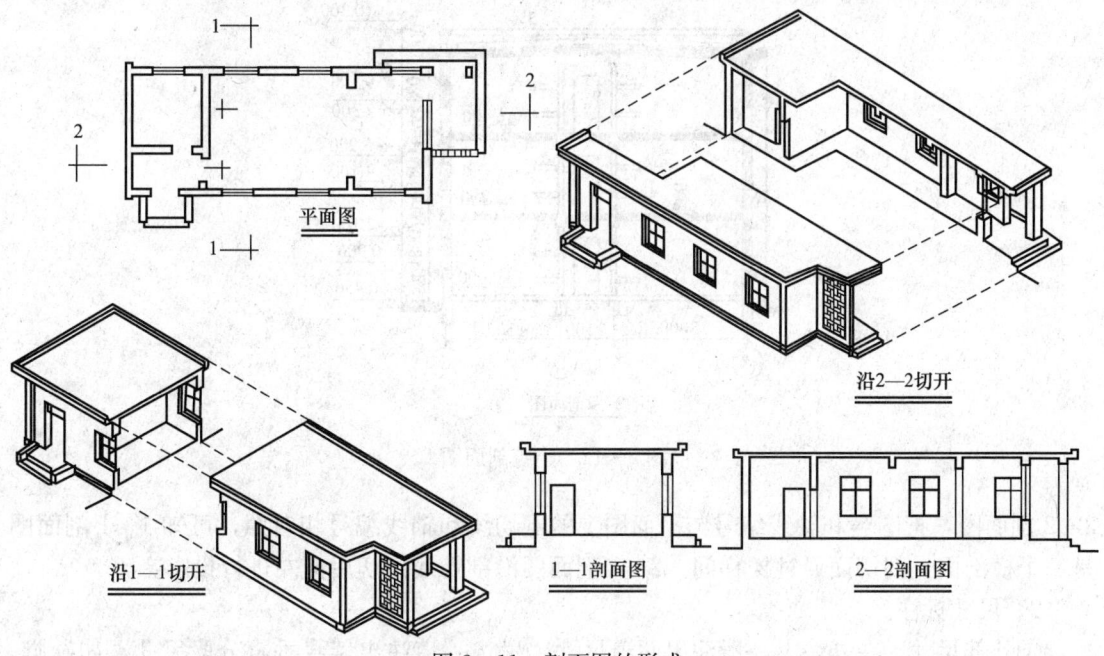

图 2—11 剖面图的形成

切平面一般为横向（即平行于侧面），也可为纵向（即平行于立面），其位置选择在能显露出房屋内部主要和复杂构造的地方，一般选择通过门窗洞的位置。若为多层房屋，应选择在楼梯间处。剖面图的图名与平面图上标注的剖切线编号对应，如图 2—12 所示的 1—1 剖面图、

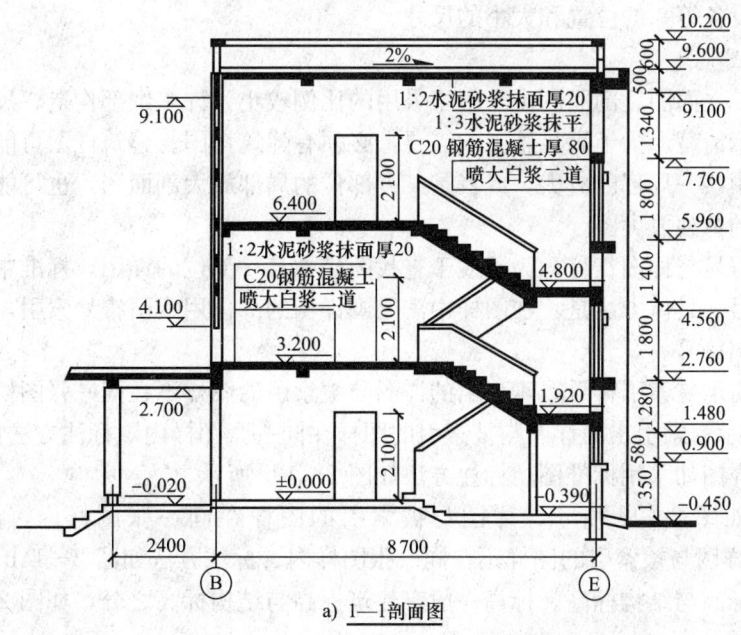

a) 1—1 剖面图

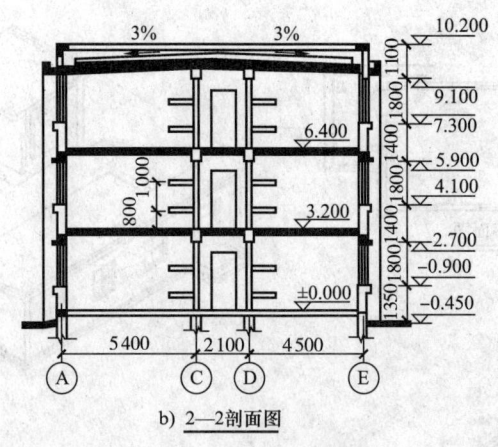

b) 2—2剖面图

图 2—12 建筑剖面图

2—2剖面图,把图名和轴线编号与平面图上的剖切线和轴线编号相对照,可知 1—1 剖面图是一个横剖面,剖切面通过楼梯间,2—2 剖面图沿剖切线剖切后向左进行投影。

2)尺寸标注。

①外部尺寸。在外墙上一般注出两道尺寸:里边一道注出墙身垂直分段尺寸,如勒脚、窗间墙、门窗等的高度尺寸,供砌筑墙体用;外边一道注出室内外地坪、窗台、门窗顶、檐口等处的相对标高。注意这些标高与立面图中的标高应一致。房屋两侧对称时,只在一边标注。

②内部尺寸。注出底层地面、各层楼面及楼梯平台面的标高,以及室内其余部分(如门窗洞、搁板和设备等)的位置和大小的尺寸。

4. 建筑详图

在平面图、立面图、剖面图中,由于采用的比例较小,许多细部构造、尺寸、材料、做法等不可能表示清楚。为了满足施工的需要,必须有建筑详图。建筑详图可能是平面图、立面图、剖面图中某一局部的放大,或者是某一部位的局部放大剖面图,也可能是某一建筑节点或某一构件的单独放大图。

(1)索引符号与详图符号。为了便于查找图样中某一部位的详图,标准中规定采用索引符号与详图符号。具体方法是:在图样中需另画详图的部位用索引符号索引,在索引出的详图下侧画上详图符号。

图 2—13 所示是索引符号,索引出的详图与被索引的图样不在同一张图样内,标注方法如图 2—13a 所示;索引出的详图与被索引的图样在同一张图样内,标注方法如图 2—13b 所示;索引出的详图如采用标准图,标注方法如图 2—13c 所示。

详图符号如图 2—14 所示,详图与被索引的图样在同一张图样内,标注方法如图 2—14a 所示;详图与被索引的图样不在同一张图样内,标注方法如图 2—14b 所示。

(2)建筑标高与结构标高。标高一般有建筑标高与结构标高之分,如图 2—15 所示。建筑标高是指各部位竣工后的上（或下）表面的标高。结构标高是指各结构构件不包括粉刷层时的下（或上）皮的标高。在建筑施工图中一般只标注建筑标高，在结构施工图中一般只标注结构标高。

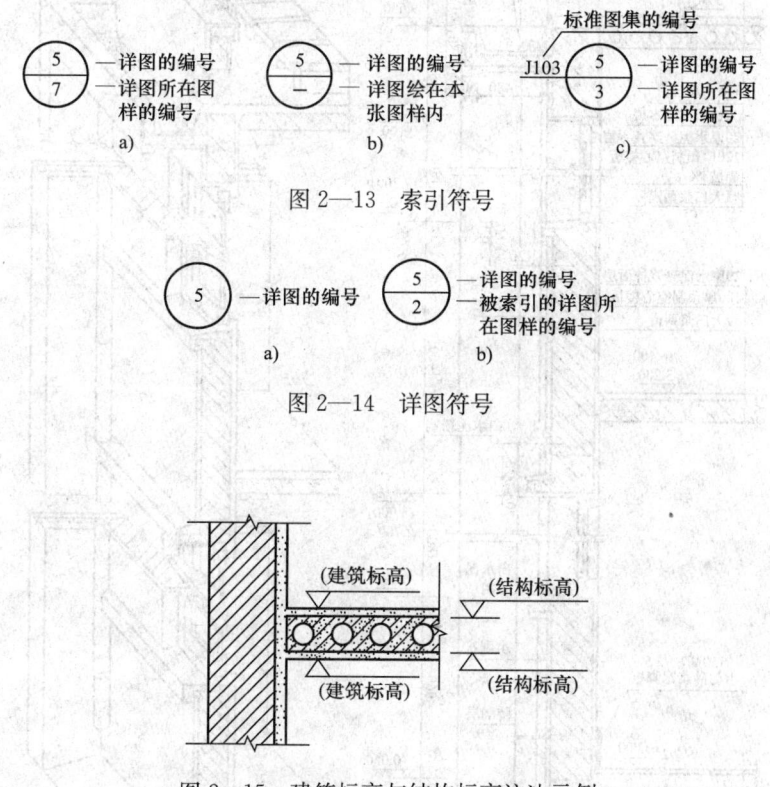

图 2—13 索引符号

图 2—14 详图符号

图 2—15 建筑标高与结构标高注法示例

（3）墙身详图。墙身详图实际上是建筑剖面图的局部放大图，它表示房屋的屋面、楼面、地面和檐口构造、楼板与墙的连接、门窗顶、窗台和勒脚、散水等处构造的情况，是施工的重要依据，如图 2—16 所示。

1）根据剖面的编号对照平面图上相应的剖切线，可知该剖面的剖切位置和投影方向。在详图中，对屋面、楼面和地面的构造用多层构造说明方法来表示。

2）从檐口部分，可了解屋面的承重层、女儿墙、防水及排水的构造。从楼板与墙身连接部分，可了解各层楼板（或梁）的搁置方向及与墙身的关系。从剖面图中还可看出窗台、窗过梁（或圈梁）的构造情况。从勒脚部分，可知房屋外墙的防潮、防水和排水的做法。

3）在详图中，一般注有各部位的标高、高度方向和墙身细部的大小尺寸，如图 2—16 所示。图中标高注写有两个数字时，有括号的数字表示高一层的标高。从图中有关图例或文字说明，可知墙身内外表面装修的截面形式、厚度及所用的材料等。

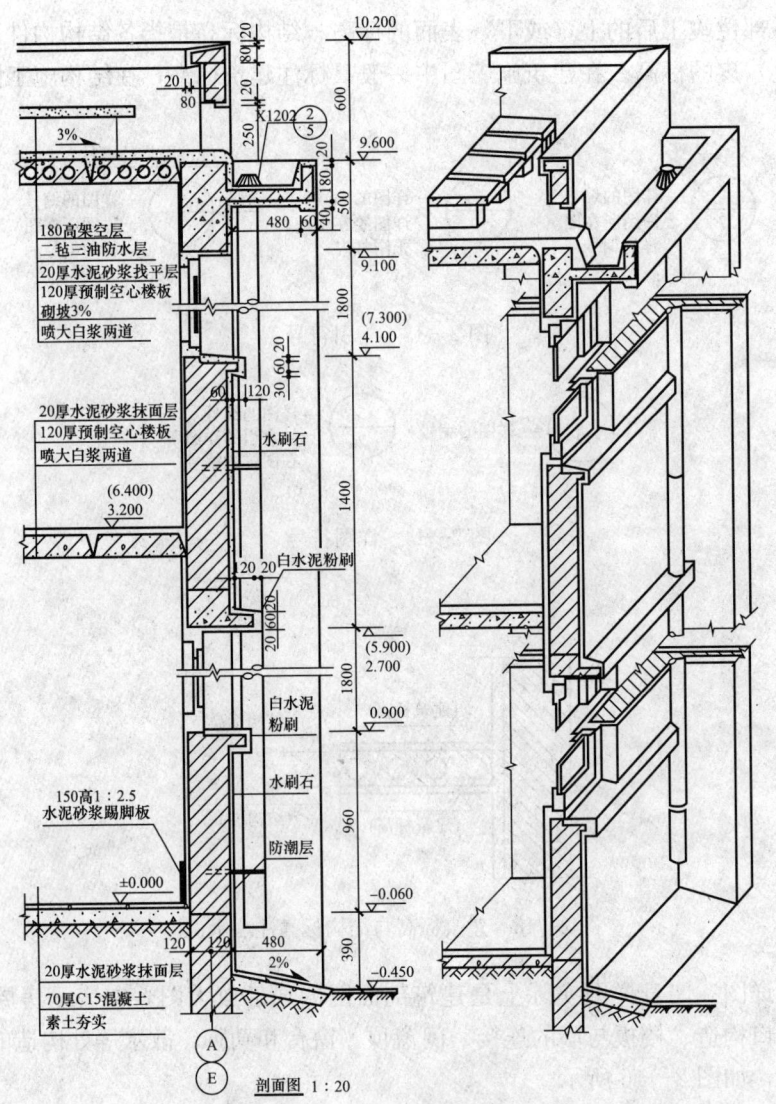

图 2—16 外墙剖面详图

模块三 民用建筑构造

民用建筑的房屋一般由基础、墙或柱、楼地层、屋面、楼梯、门窗等主要部分组成,如图 2—17 所示。砌筑工应重点掌握建筑基础、墙体、楼面、地面和楼梯的构造组成。

一、基础

基础是位于建筑物最下部的承重结构,它承受建筑物的全部荷载,并把荷载传给地基。

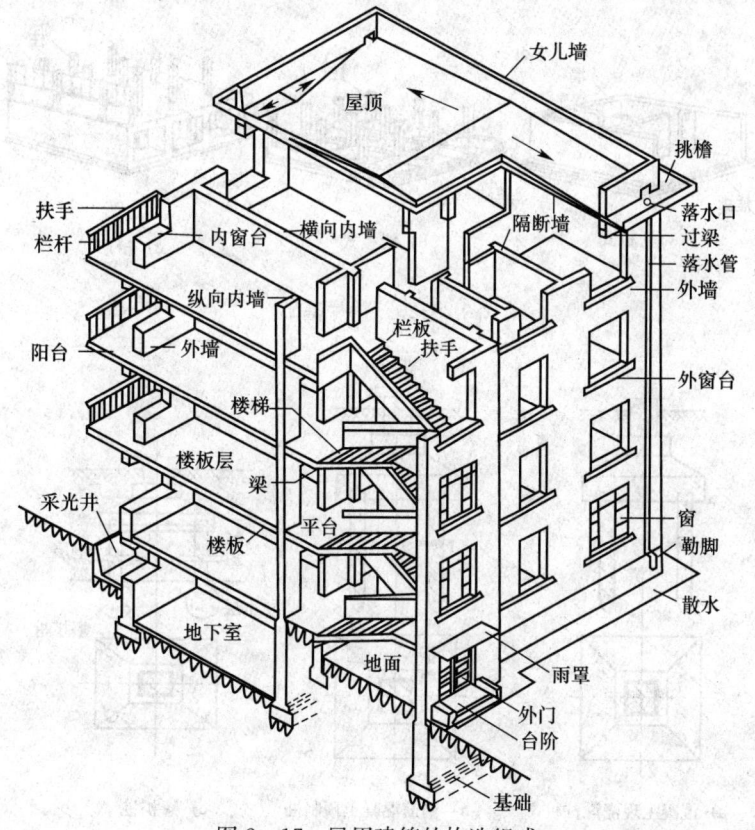

图 2—17 民用建筑的构造组成

民用建筑的基础按构造特点可分为条形基础、独立基础、整片基础、桩基础等，如图 2—18、图 2—19、图 2—20、图 2—21 所示；按材料可分为砖基础、毛石基础、混凝土基础、钢筋混凝土基础等，如图 2—22、图 2—23、图 2—24、图 2—25 所示。

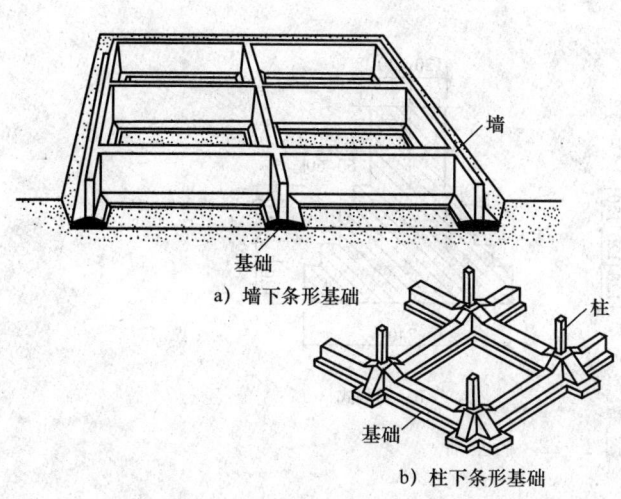

图 2—18 条形基础

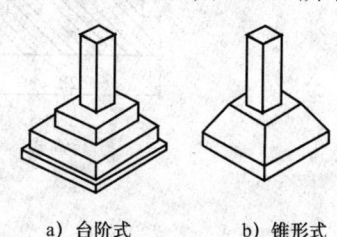

图 2—19 独立基础

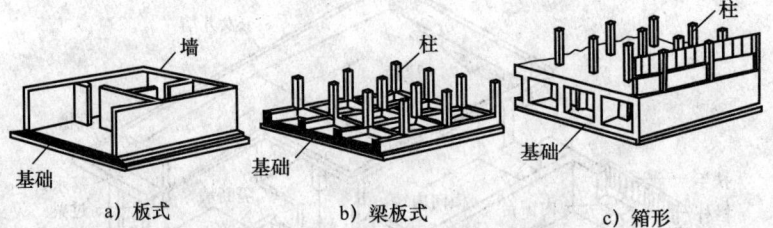

图 2—20 整片基础

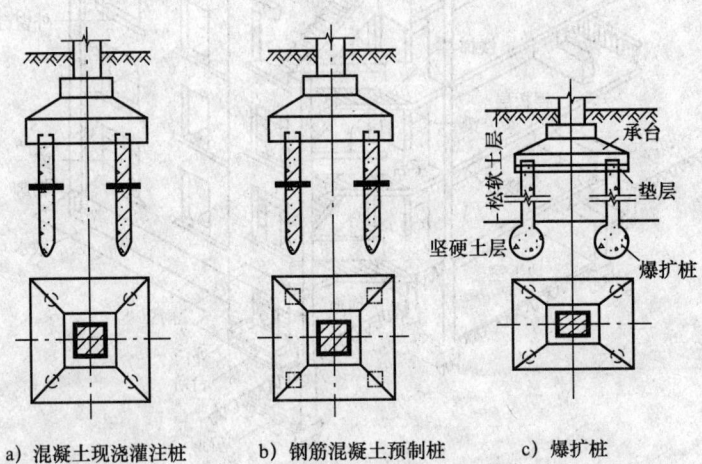

图 2—21 桩基础

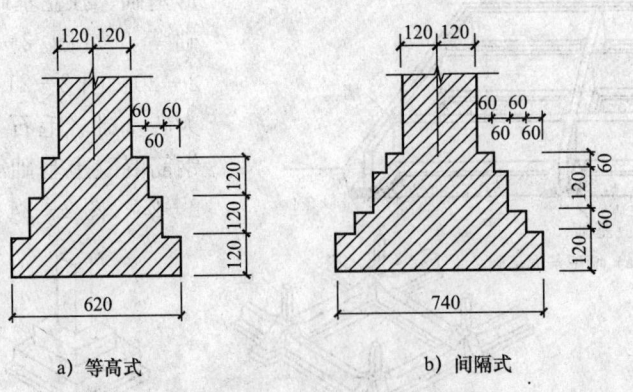

图 2—22 砖基础

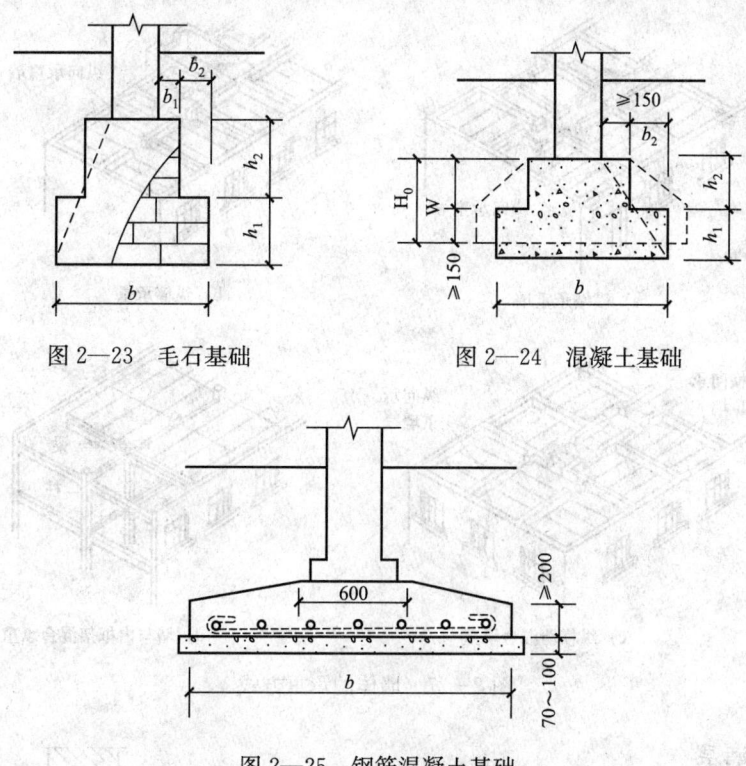

图 2—23 毛石基础　　　　图 2—24 混凝土基础

图 2—25 钢筋混凝土基础

二、墙体

墙体是房屋的主要组成部分。墙体的类型按其所处的位置可分为外墙和内墙；按其方向可分为纵墙和横墙；按其受力情况可分为承重墙和非承重墙；按材料可分为砖墙、石墙、砌块墙、板材墙等。墙的类型如图 2—26 所示，墙体的承重方式如图 2—27 所示。

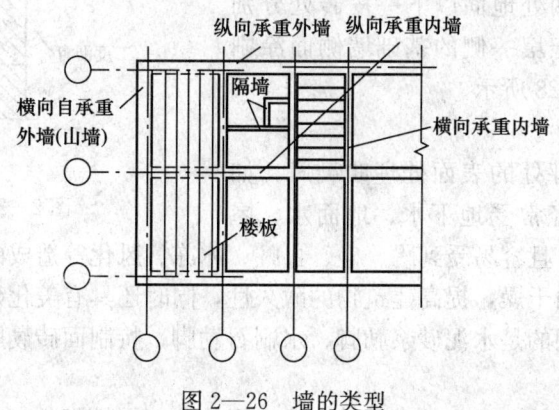

图 2—26 墙的类型

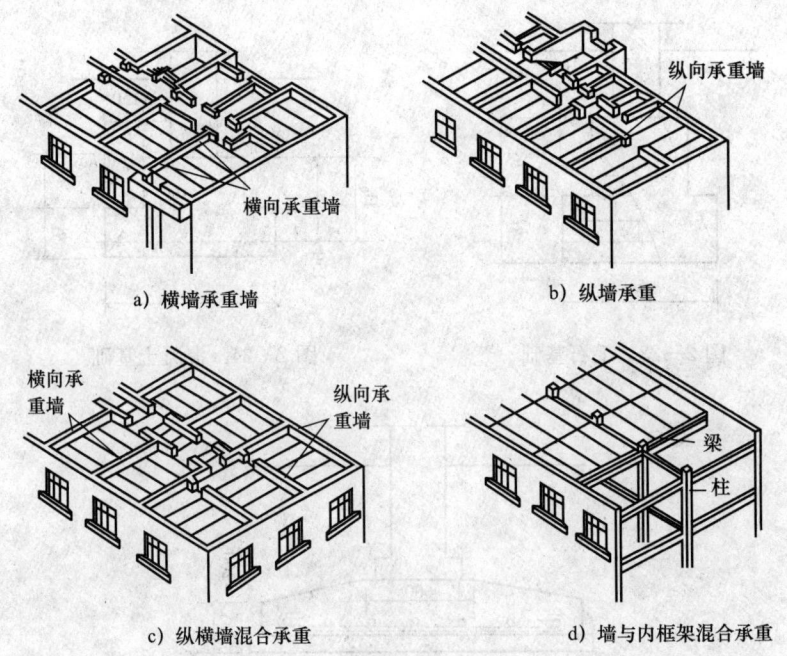

图 2—27 墙体的承重方式

1. 墙身防潮层

在墙身中设置防潮层的目的是防止地基土壤中的水分因毛细作用沿基础墙上升侵入墙身，提高建筑物的耐久性，保持室内干燥卫生。防潮层设置部位一般在基础墙顶部，室内地坪和室外地坪之间，室内地坪以下一皮砖处，如内墙两侧地面相差较大时，应在两处地面以下一皮砖处分别设置防潮层，并在靠土壤一侧的基础墙侧面涂刷热沥青两道，如图 2—28 所示。

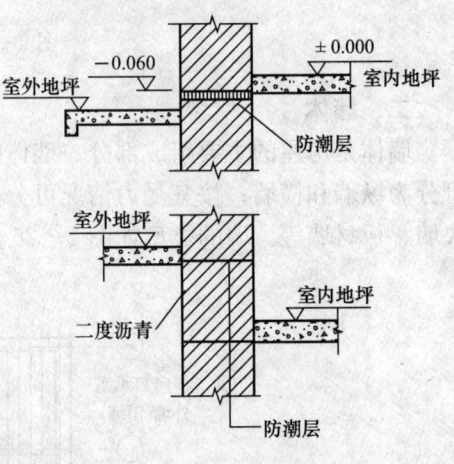

图 2—28 防潮层

2. 勒脚

外墙靠近室外地坪处的表面处理叫勒脚，如图 2—29 所示。墙脚经常受地下水、地面水、屋檐滴下的雨水的侵蚀，且容易受到踢、碰、虫蛀、冰冻、风化等造成的危害。因此，勒脚具有保护墙面，保证室内干燥，提高建筑物的耐久性，同时还具有美化建筑外观的作用。勒脚的做法有多种，常采用的是水泥砂浆勒脚、水刷石勒脚、特制面砖勒脚、砖石墙加厚勒脚。

3. 散水与明沟

为了防止雨水及室外地面水侵入基础，沿房屋外墙四周勒脚与室外地坪相接处需设散水（排水坡，见图 2—30）或明沟（排水沟，见图 2—31），使勒脚附近地面积水迅速排走，同时也防止檐口滴水冲刷房屋四周的土壤,有效地保护房屋基础。

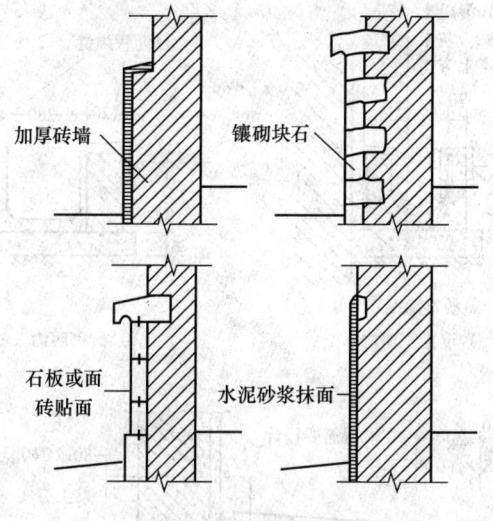

图 2—29 勒脚做法

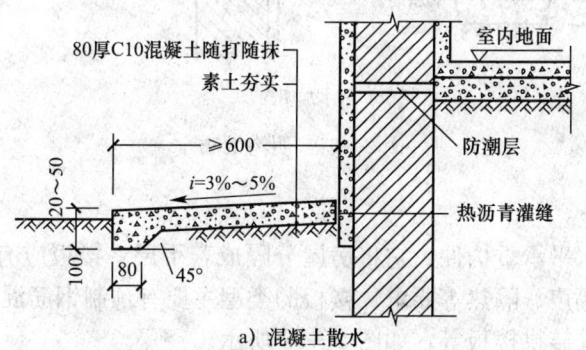

a) 混凝土散水

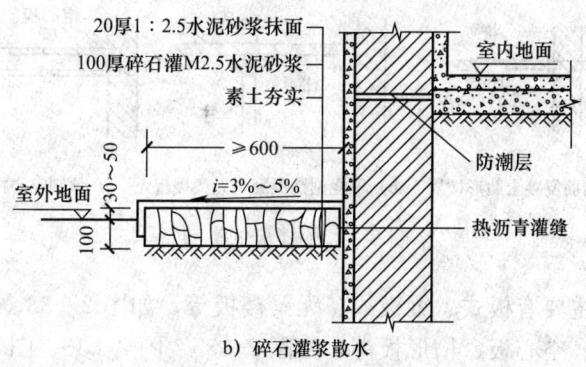

b) 碎石灌浆散水

图 2—30 散水做法

雨水较多的地区一般做明沟,明沟纵坡不小于1%,其构造做法如图2—31所示。

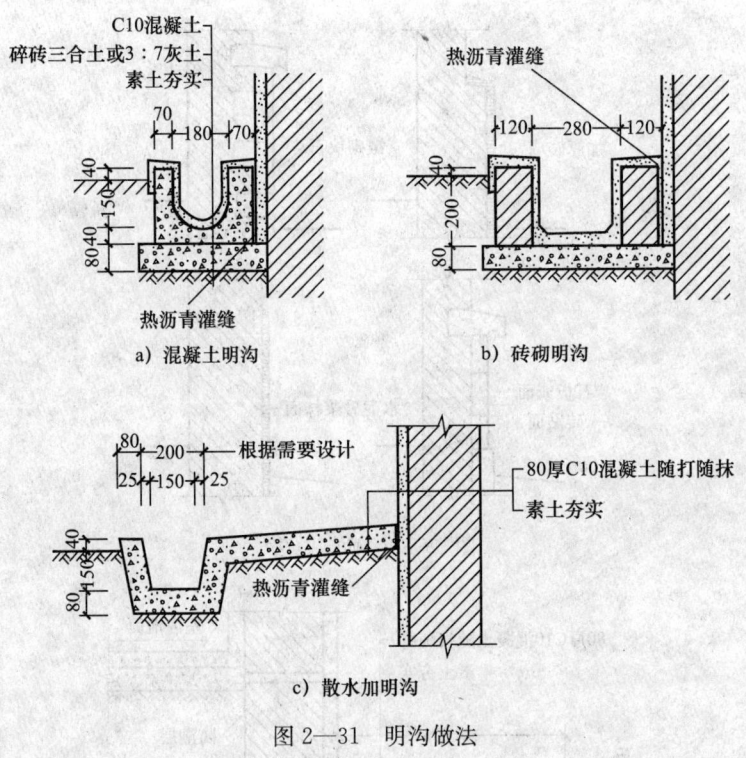

图2—31 明沟做法

三、楼板

楼板是房屋中的水平承重构件,它将房屋分隔成若干层。楼板应有足够的强度和刚度,并满足防火、防水、隔声、隔热等要求。楼板的类型主要有预制钢筋混凝土楼板、现浇钢筋混凝土楼板、木楼板、砖拱楼板等,如图2—32所示。

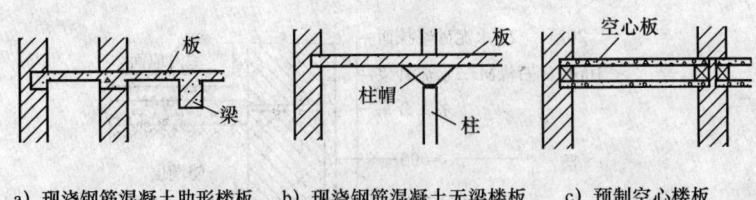

图2—32 楼板的类型

现浇整体式楼板主要有板式、梁板式、无梁楼板等,如图2—33、图2—34所示;预制板主要有预制实心板、空心板、槽形板等,如图2—35、图2—36、图2—37所示。

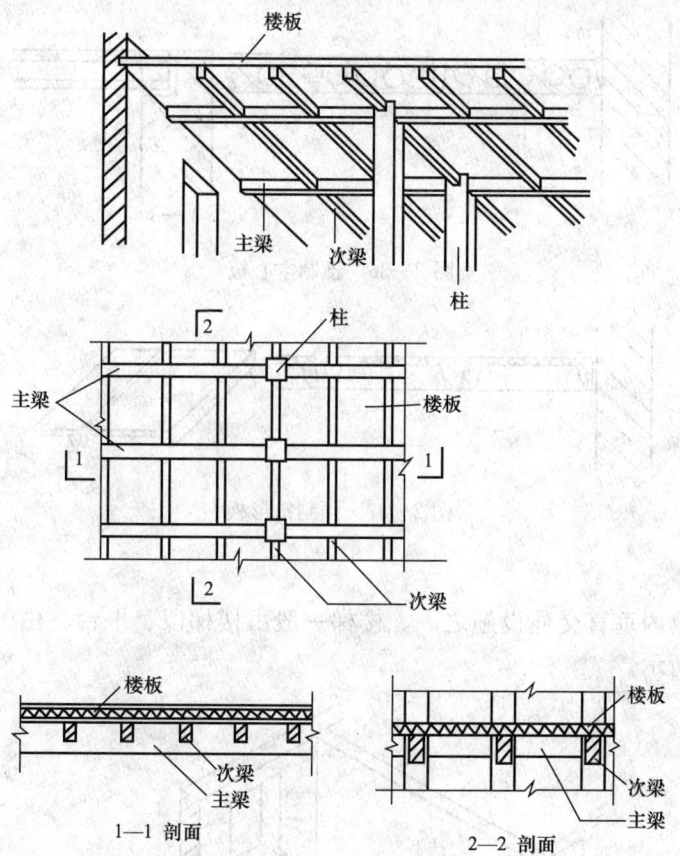

图 2—33 现浇钢筋混凝土梁式楼板

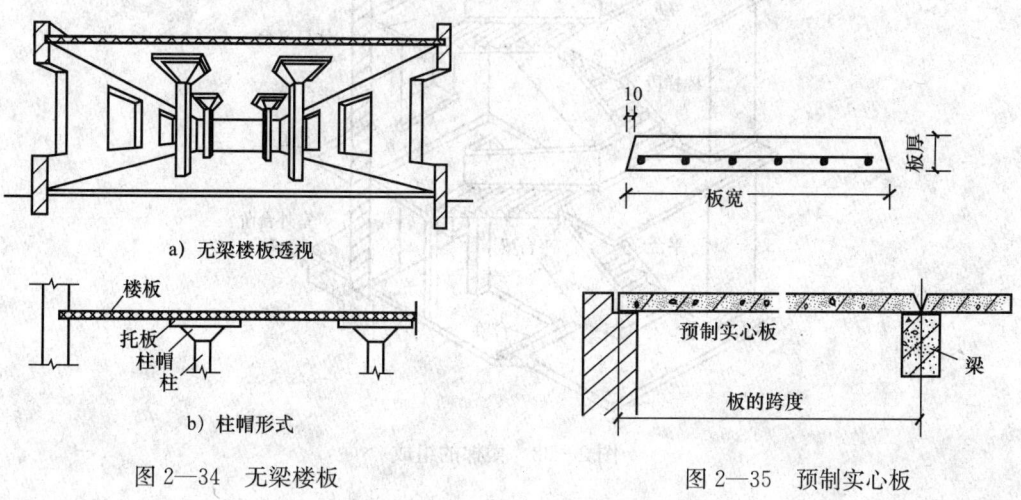

图 2—34 无梁楼板 图 2—35 预制实心板

图 2—36 预制空心板

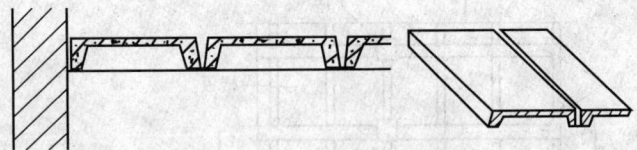

图 2—37 预制槽形板

四、楼梯

楼梯是建筑物内垂直交通设施之一。楼梯一般由楼梯段、平台、栏板或栏杆三部分组成，如图 2—38 所示。

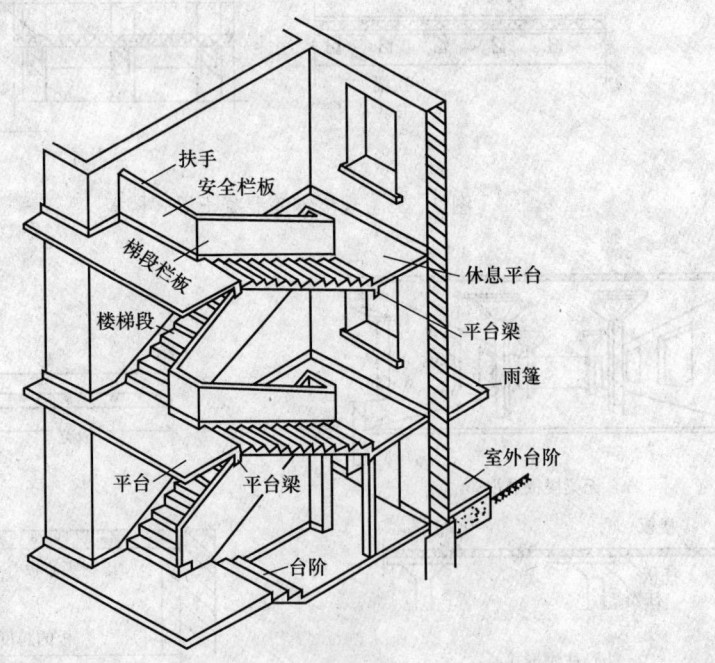

图 2—38 楼梯的组成

楼梯按所在的位置分为室外楼梯和室内楼梯；按材料不同分为木楼梯、钢楼梯、钢筋混凝土楼梯；按形式分为直跑式、转角式、双分式、双合式、双跑式、三跑式、四跑式、八角式等，如图 2—39 所示。

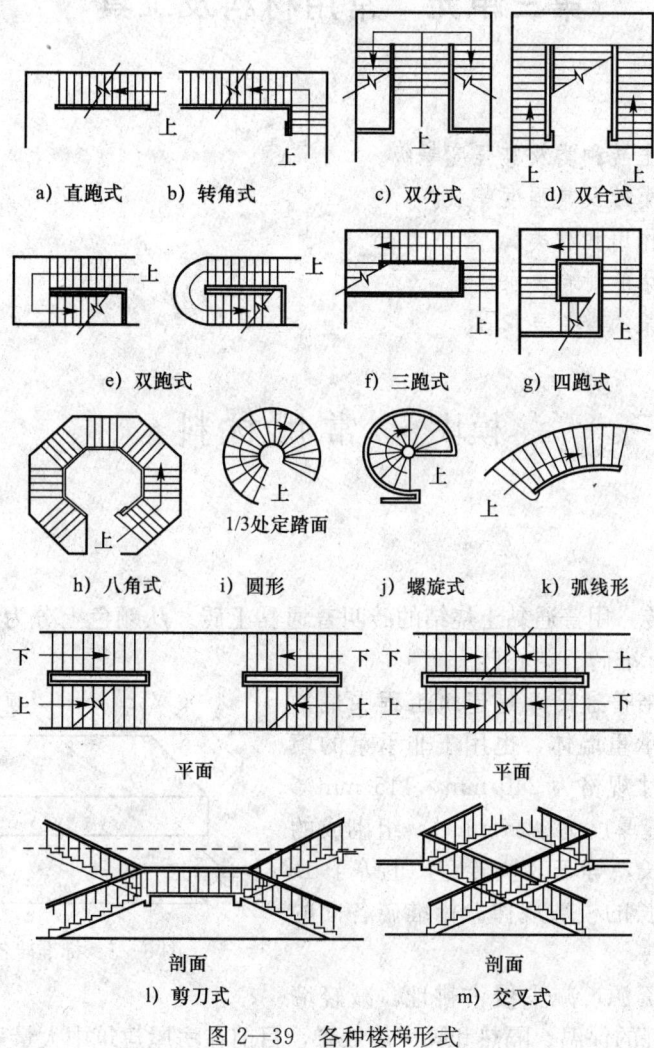

图 2—39　各种楼梯形式

练习

1. 房屋建筑由哪几部分组成？各自在房屋建筑中起什么作用？
2. 常用构配件代号有哪些？
3. 什么是房屋的开间、进深？
4. 建筑施工图中通常采用哪两种长度单位？分别用在建筑施工图中的哪些部位？
5. 建筑立面图一般包括哪些内容？

第三单元 常用材料及工具

培训目标

1. 掌握普通黏土砖种类及其强度等级。
2. 了解硅酸盐类砖及其强度等级。
3. 掌握砂浆的作用和种类。
4. 掌握砌筑砂浆的材料要求。
5. 掌握砌筑砂浆的拌制要求。

模块一 常用材料

一、块材

1. 砖

(1) 普通黏土砖。用普通黏土烧结的砖叫普通黏土砖。从颜色上分为红砖和青砖两种，从结构上常见的有标准砖、空心砖。

标准砖又称烧结普通砖，是建筑工程中最常用的砖，广泛用于承重墙体，也用于非承重的填充墙。标准砖的尺寸规格为 240 mm×115 mm×53 mm。当砌体灰缝厚度为 10 mm 时，组砌成的墙体即符合 4 块砖长，等于 8 块砖宽，也等于 16 块砖厚，等于 1 m 长的模数规律。标准砖各面的名称如图 3—1 所示。

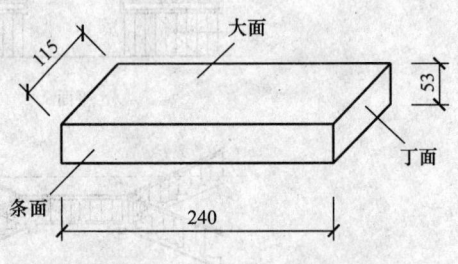

图 3—1 标准砖各面的名称

为了节约土地资源，减少侵占耕地，减轻墙体自重，以达到更好的保温、隔热和隔声等效果，目前在房屋建筑中大量采用空心砖和多孔砖。空心砖分非承重黏土砖和承重黏土砖。其外形和规格分别如图 3—2、表 3—1、表 3—2 所示。

黏土砖的特点是抗压强度高，可以承受较大的外力。强度大小用强度等级表示，符号为 MU，有 MU30、MU25、MU20、MU15、MU10 五个强度等级。

(2) 硅酸盐类砖。硅酸盐类砖是以炉渣、矿渣、粉煤灰、煤矸石等工业废料为主要原料，加入适量的石灰和砂子，压制成为砖或砌块。这种砖主要取材于工业废料，对治理"三废"、化废为宝和节约耕地、节约能源有非常重要的意义。

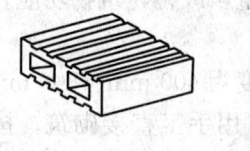
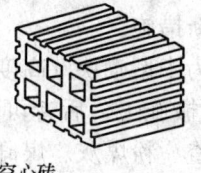
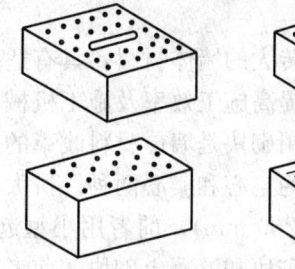
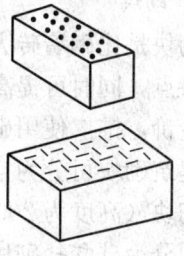

a) 非承重空心砖　　　　　　　　b) 承重空心砖(多孔砖)

图 3—2　空心砖

表 3—1　　　　　　　　　　非承重空心砖主要规格

外形尺寸（mm）			孔数	孔洞率/%	密度/kg/m³
长度	宽度	高度			
190	190	90	3	38	1 100
190	190	190	9	45	1 000
290	290	90	4 或 8	40	1 050

表 3—2　　　　　　　　　　承重空心砖主要规格

外形尺寸（mm）			孔洞率/%	密度/kg/m³
长度	厚度	宽度		
190	90	190		
240	90	115	≥15	约 1 400
240	115	180		

1) 蒸压灰砂砖。蒸压灰砂砖以石灰、砂子为主要原料，尺寸规格为 240 mm×115 mm×53 mm，划分为 MU25、MU20、MU15、MU10 四个强度等级。其中前三个等级蒸压灰砂砖可用于基础及其他部位，MU10 级可用于防潮层以上的建筑部位。长期处于 200℃ 以上温度及受急冷、急热或有酸性腐蚀的环境中禁止使用。

2) 粉煤灰砖。粉煤灰砖以粉煤灰和石灰为原料，掺入适量石膏和炉渣，尺寸规格为 240 mm×115 mm×53 mm，划分为 MU30、MU25、MU20、MU15、MU10 五个强度等级。蒸压粉煤灰砖可用于工业与民用建筑的基础与墙体，但用于基础或容易受冻融或干湿交替作用的部位时，必须使用优等品砖或一等品砖。在长期受热（200℃ 以上），受急冷、急热和有酸腐蚀的部位禁止使用蒸压粉煤灰砖。

3) 炉渣砖。炉渣砖以燃烧后的残渣为主要原料，掺入一定数量的石灰和适量的石膏，尺寸规格为 240 mm×115 mm×53 mm，划分为 MU25、MU20、MU15、MU10 四个强度等级。炉渣砖可用于一般工业与民用建筑墙体与基础。强度等级低于 MU15 级的不适用于基础、勒脚、受干湿交替及冻融的部位。

2. 砌块

砌块是比砌墙砖大的墙体材料，具有适应性强、原料来源广、不毁耕地、制作及使用方便等特点，同时可提高施工效率及施工机械化程度，减轻房屋自重，改善建筑物功能，降低工程造价，推广使用砌块是墙体材料改革的一项新措施。

建筑砌块可分为空心和实心两种。按大小分为中型砌块（高度为400 mm、800 mm）和小型砌块（高度为200 mm），前者用小型起重机械施工，后者可用手工直接砌筑；按原材料不同分为硅酸盐砌块和混凝土砌块，前者用煤渣、粉煤灰、煤矸石等材料加石灰、石膏配合而成，后者用水泥混凝土制作。

（1）硅酸盐砌块。硅酸盐砌块是以煤渣、粉煤灰、煤矸石等硅质材料为主要原料，加入适量石灰、石膏，掺入骨料并加水搅拌，经振动成形及蒸汽养护而成。

1) 粉煤灰硅酸盐砌块。粉煤灰硅酸盐砌块有880 mm×380 mm×240 mm和880 mm×430 mm×240 mm两种规格，划分为MU10级和MU13级两个强度等级。粉煤灰硅酸盐砌块可用于工业与民用建筑的墙体和基础。

2) 煤矸石空心砌块。煤矸石空心砌块的空心率为40%左右，型号和规格见表3—3。

表3—3　　　　　　　　　　煤矸石空心砌块规格

型号	规格/mm			孔数	体积/m³	空心率/%
	长	高	厚			
1	1 180	880	200	7	0.208	41.2
2	980	880	200	5	0.172	49.3
3	780	880	200	4	0.137	39.5
4	580	880	200	3	0.104	39.1
5	380	880	200	2	0.069	38.7
6	180	880	200	1	0.034	38.5

（2）混凝土空心砌块

1) 混凝土小型空心砌块。目前常用的混凝土小型空心砌块有承重与非承重两种。承重砌块的主要规格有390 mm×190 mm×190 mm；非承重砌块的规格为390 mm×90 mm×190 mm及190 mm×190 mm×190 mm两种。划分为MU3.5、MU5.0、MU7.5、MU10.0、MU15.0五个强度等级。小型空心砌块使用灵活，砌筑方便，适用于中小城市和农村建筑，也可用于大中城市。在寒冷地区，除强度应满足要求外，还要具有一定的保温性能。

2) 混凝土中型空心砌块。与小型空心砌块相比，中型空心砌块规格及质量均较大。中型空心砌块可提高施工的机械化程度，节约能源，降低造价。中型空心砌块的规格为：

长度：500 mm、600 mm、800 mm、1 000 mm。

高度：400 mm、450 mm、800 mm、900 mm。

宽度：200 mm、240 mm。

划分为MU3.5、MU5.0、MU7.5、MU10.0、MU15.0五个强度等级。中型空心砌块

适用于民用及一般工业建筑。

3. 石材

凡是开采天然岩石而得的毛料或经加工制成块状、板状的石料，统称天然石材。它具有比较高的硬度、抗压强度和耐久性。

(1) 毛石。毛石（又称片石或块石）是由爆破直接获得的石块。依其平整程度又分为乱毛石与平毛石两类。乱毛石形状不规则，如图3—3所示。用于砌筑基础、勒脚、墙角、堤坝、挡土墙等，也可作毛石混凝土的集料。平毛石由乱毛石略经加工而成，其形状基本上有六个面，如图3—4所示，但表面粗糙。常用于砌筑基础、墙身、勒脚、桥墩、涵洞等。

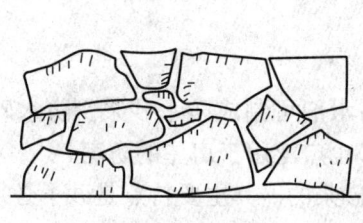 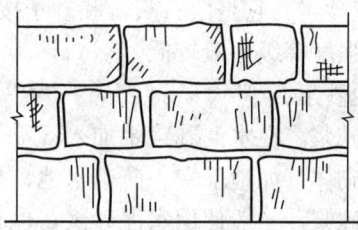

图3—3 乱毛石　　　　　　　图3—4 平毛石

(2) 料石。料石又称条石，是由人工或机械开采出的较规则的六面体石块，略加凿琢而成。按其加工后的外形规则程度分为毛料石、粗料石、半细料石和细料石四种。料石常由砂岩、花岗石等质地比较均匀的岩石开采琢制，至少应有一个面的边角整齐，以便互相合缝，如图3—5所示。主要用于砌筑墙身、踏步、地坪、拱等。

  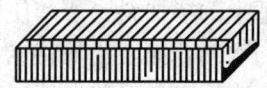

图3—5 料石

二、砌筑砂浆

1. 砌筑砂浆的作用和种类

(1) 砌筑砂浆的作用。砌筑砂浆是把单个的砖块、石块或砌块组合成砌体的胶结材料，同时又是填充块体之间缝隙的填充材料。由于砌体受力和块体材料的不同，因此，要选择不同的砂浆进行砌筑。砂浆应具备一定的强度、黏结力和工作度（又称流动性、稠度）。它在砌体中主要起以下几个作用：

1) 把各个块体胶结在一起，形成一个整体。

2) 当砂浆硬化后，可以均匀地传递荷载，保证砌体的整体性。

3) 由于砂浆填满了砖石间的缝隙，使砌体的风渗透降低，对房屋起到保温的作用。

(2) 砌筑砂浆的种类。砌筑砂浆一般分为水泥砂浆、混合砂浆、石灰砂浆三类。

1) 水泥砂浆。水泥砂浆是由水泥和砂子按一定比例混合搅拌而成，它是强度较高的砂浆。水泥砂浆一般应用于基础、长期受水浸泡的地下室和承受较大外力的砌体。

2) 混合砂浆。混合砂浆一般由水泥、石灰膏、砂子拌和而成。在硬化的初期需要一定的水分帮助水泥水化，在后期则应处于干燥环境中以利于石灰的硬化。一般用于地面以上的砌体，也适用于承受外力不大的砌体。混合砂浆由于加入了石灰膏，改善了砂浆的和易性，操作起来比较方便，有利于砌体密实度和工效的提高。

3) 石灰砂浆。它是由石灰膏和砂子按一定比例搅拌而成的砂浆，完全靠石灰的气硬而获得强度，强度等级一般较低。

4) 其他砂浆。

①防水砂浆。在水泥砂浆中加入3%~5%的防水剂可制成防水砂浆。防水砂浆应用于需要防水的砌体（如地下室、砖砌水池、化粪池），也广泛用于房屋的防潮。

②嵌缝砂浆。一般使用水泥砂浆，也有用白灰砂浆的。其主要特点是砂子必须用细砂或特细砂，以利于勾缝。

③聚合物砂浆。它是一种掺入一定量高分子聚合物的砂浆，一般用于有特殊要求的砌筑物。

2. 砌筑砂浆材料组成

(1) 水泥。常用的水泥有硅酸盐水泥、普通硅酸盐水泥（简称普通水泥）、矿渣硅酸盐水泥（简称矿渣水泥）、火山灰质硅酸盐水泥（简称火山灰质水泥）、粉煤灰硅酸盐水泥（简称粉煤灰水泥）、复合硅酸盐水泥（简称复合水泥）。水泥的强度等级按规定龄期的抗压强度和抗折强度划分为32.5、42.5、52.5、62.5四个强度等级。水泥强度等级一般可为砂浆强度等级的4~5倍。水泥砂浆采用的水泥，强度等级不宜大于42.5；水泥混合砂浆不宜采用强度等级大于52.5的水泥。用高强度等级水泥配制低强度等级砂浆时，为了保证砂浆的和易性，可掺入适量的掺加料，严禁使用废品水泥。

水泥具有与水结合而硬化的特点，它不但能在空气中硬化，还能在水中硬化，并继续增加强度，因此，水泥必须妥善保管，不得淋雨受潮。储存时间一般不宜超过3个月。超过3个月的水泥，必须重新取样送验，待确定强度等级后再使用。

不同品种牌号的水泥要分别堆放，堆放高度不宜超过10包。散装水泥要做好储存到仓，并采取防水、防潮措施。要做到随来随用，不宜久存。

(2) 砂子。砂浆用砂的技术性质要求与混凝土用砂相同。砖砌体用的砂浆，宜适用中砂；毛石砌体用的砂浆，宜选用粗砂；用于抹灰及勾缝的砂浆，宜用细砂。砂的含泥量不应超过5%，强度等级为M2.5的水泥混合砂浆，砂的含泥量不应超过10%。

(3) 掺加料。为了改善砂浆的和易性可加入掺加料，常用的掺加料有石灰膏、黏土、粉煤灰、电石膏等。

1) 石灰膏。石灰应先制成石灰膏，熟化时间不少于7天，并用孔径不大于3 mm×

3 mm 的滤网过滤，然后掺入砂浆搅拌均匀。严禁使用脱水硬化的石灰膏。消石灰粉中含较多未完全熟化的颗粒，砌筑、抹灰后继续熟化，颗粒膨胀，可能破坏砌体或墙面，故消石灰粉不得直接使用于砌筑砂浆中。

2）粉煤灰。粉煤灰是拌制砂浆较好的掺加料，掺入后不但能改善砂浆的和易性，而且因粉煤灰具有活性，能显著提高砂浆的强度并节约水泥。掺用的粉煤灰质量应符合有关的标准要求。

3）电石膏。电石膏原属工业废料，水化后形成青灰色乳浆，经过泌水和去渣后就可使用，其作用同石灰膏。

（4）水。拌砂浆应采用不含有害物质的洁净水或饮用水。

3. 砌筑砂浆的拌制

砌筑砂浆有 M20、M15、M10、M7.5、M5.0、M2.5 六个强度等级。新拌的砂浆应当具有和易性，和易性好的砂浆容易在砖石底面上铺成均匀的薄层，并与底面黏结牢固，使砌体获得较好的整体性。

（1）配合比。砂浆的配合比一般是以质量比的形式来表达，是经过试验确定的。配合比确定后，操作者应严格按要求计量配料，水泥的称量精确度控制在±2%以内，砂子和石灰膏等掺加料的称量精确度控制在±5%以内，外加剂由于总掺入量很少，更要按说明或技术交底严格计量加料，不能多加或少加。

几种常用的砂浆配合比见表 3—4。

表 3—4　　　　　　　　　　砂浆配合比参考表

名称	砂浆等级	配合比	材料用量/kg		
		水泥∶石灰膏∶砂子	水泥	石灰膏	砂子
水泥石灰砂浆	M2.5	1∶0.99∶8.7	166	164	1 450
	M5.0	1∶0.71∶7.51	193	137	1 450
	M7.5	1∶0.58∶6.9	209	121	1 450
	M10	1∶0.34∶5.89	246	84	1 450
	M15	1∶0.17∶4.83	300	50	1 450
水泥粉煤灰砂浆	砂浆等级	水泥∶粉煤灰∶砂子	水泥	粉煤灰	砂子
	M5.0	1∶1.5∶10.02	145	217	1 450
	M7.5	1∶1.1∶7.29	199	219	1 450
	M10	1∶0.8∶5.62	258	206	1 450
水泥砂浆	砂浆等级	水泥∶砂子	水泥	砂子	
	M2.5	1∶7.25	200	1 450	
	M5.0	1∶6.84	212	1 450	
	M7.5	1∶6.33	229	1 450	
	M10	1∶5.35	271	1 450	
	M15	1∶4.39	330	1 450	

注：表中选用的水泥为 32.5 级。

(2) 搅拌时间。砂浆必须经过充分搅拌,使水泥、石灰膏、砂子等成为均匀的混合体。特别是水泥,如果搅拌不均匀,则会明显地影响砂浆的强度。一般要求砂浆在搅拌机内的搅拌时间不得少于 2 min。

砌筑砂浆的拌制应按下述要求进行:

1) 原材料必须符合要求,而且具备完整的测试数据和书面材料。

2) 砂浆一般采用机械搅拌,如果采用人工搅拌,应先将石灰膏化成石灰浆,水泥和砂子干拌均匀后再加入石灰浆中,最后用水调整稠度,翻拌 3~4 遍,直至色泽均匀、稠度一致、没有疙瘩为合格。

3) 砂浆的配合比由试验室提供,在搅拌机上料处砂浆的配合比应用指示牌上将各种材料的用量和配合比标示出来,如图 3—6 所示。这样可以使操作者按计量操作,也便于监督检查。

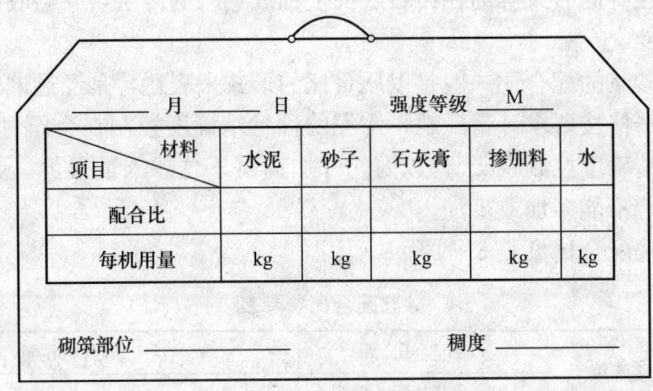

图 3—6 砂浆配合比指示牌

4) 砌筑砂浆拌制好以后,应及时送到作业地点,要做到随拌随用。一般应在 2 h 之内用完,气温低于 10℃时可延长至 3 h,但气温达到冬期施工条件时,应按冬期施工的有关规定执行。

模块二 砌筑工具和脚手架

一、砌筑工具种类

1. 小型工具

(1) 瓦刀。瓦刀又称泥刀,用于涂抹、摊铺砂浆、砍削砖块、打灰条及发碹,如图 3—7 所示。

(2) 大铲。大铲是用于铲灰、铺灰和刮浆的工具,也可以在操作中用它随时调和砂浆。大铲以桃形者居多,也有长三角

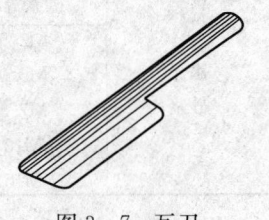

图 3—7 瓦刀

形和长方形。传统型大铲如图3—8所示。鸳鸯大铲如图3—9所示。

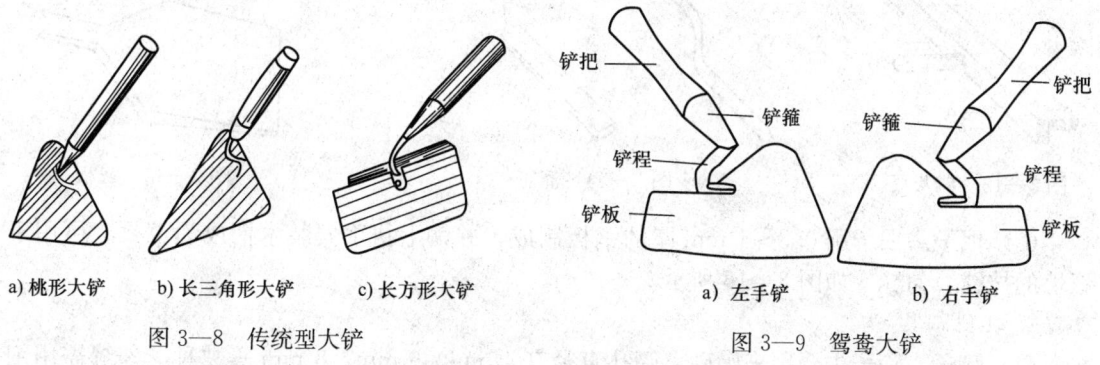

图3—8 传统型大铲

图3—9 鸳鸯大铲

（3）刨锛。刨锛是用以打砍砖块的工具，也可当做小锤与大铲配合使用。为了便于打"七分头"（3/4砖），有的操作者在刨锛手柄上刻一凹槽线作为记号，使凹口到刨锛刃口的距离为砖长的3/4。刨锛的形状如图3—10所示。

（4）手锤。手锤俗称小榔头，作敲凿石料和开凿异形砖之用，形状如图3—11所示。

（5）钢凿。钢凿又称錾子，可用45号钢或60号钢锻造。一般直径为20~28 mm，长150~250 mm。与小锤配合用于打凿石料、开剖异形砖等。其端部有尖头和扁头两种，如图3—12所示。

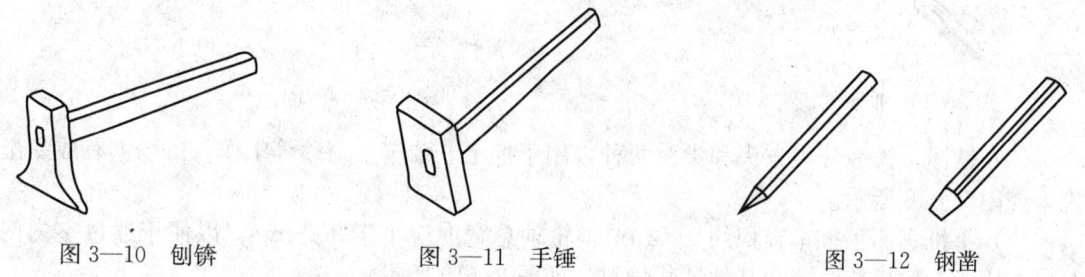

图3—10 刨锛　　　　图3—11 手锤　　　　图3—12 钢凿

（6）摊灰尺。摊灰尺用不易变形的木材制成。操作时放在墙上作为控制灰缝及铺剖砂浆用，如图3—13所示。

（7）溜子。溜子又称灰匙、勾缝刀，一般以φ8钢筋打扁制成，并装上木柄，通常用于清水墙勾缝。用0.5~1 mm厚的薄钢板制成的较宽的溜子，则用于毛石墙的勾缝，如图3—14所示。

（8）灰板。灰板又称托灰板，用不易变形的木材制成。在勾缝时，用它承托砂浆，如图3—15所示。

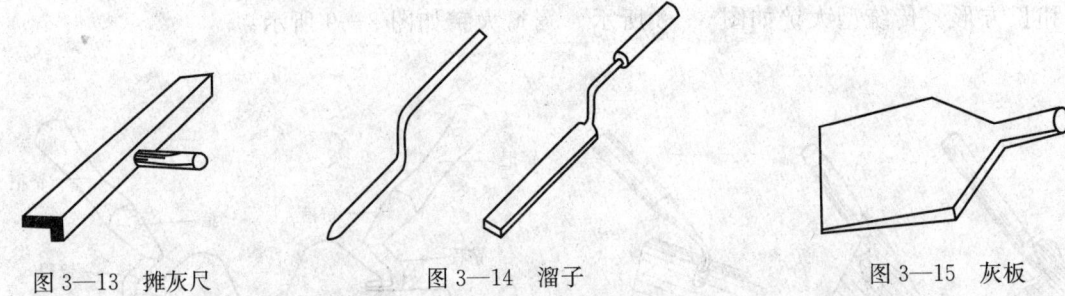

图 3—13 摊灰尺　　图 3—14 溜子　　图 3—15 灰板

(9) 抿子。抿子用 0.8～1 mm 厚的钢板制成,并铆上执手安装木柄成为工具。可用于石墙的抹缝、勾缝,如图 3—16 所示。

2. 其他工具

(1) 筛子。筛子主要用来筛砂。筛孔直径有 4 mm、6 mm、8 mm 等数种。勾缝需用细砂时,可利用铁窗纱钉在小木框上制成小筛子,如图 3—17 所示。

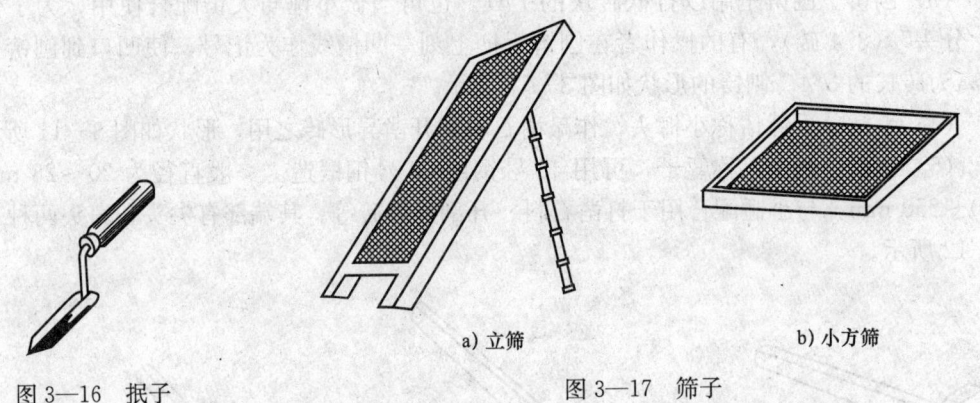

图 3—16 抿子　　a) 立筛　　b) 小方筛

图 3—17 筛子

(2) 铁锹。铁锹分为方头和尖头两种,用于挖土、装车、筛砂等工作。市场上有成品出售,如图 3—18 所示。

(3) 手推车。手推车容积约 0.12 m³,轮轴总宽度应小于 900 mm,以便于通过室内门洞口。用于运输砂浆、砖和其他散装材料,如图 3—19 所示。

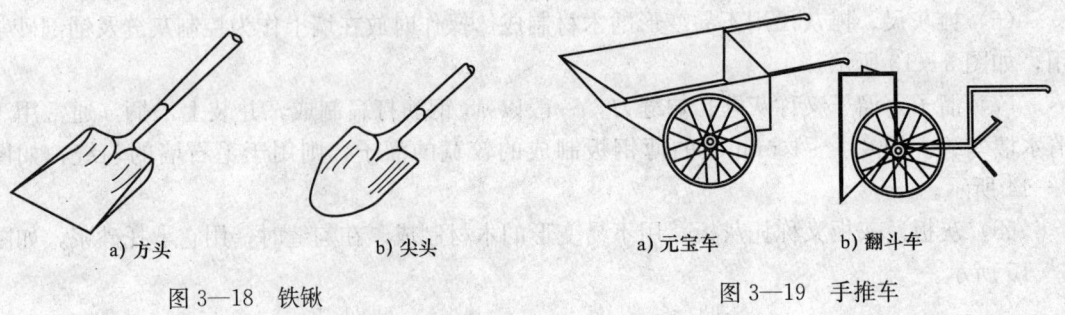

a) 方头　　b) 尖头　　a) 元宝车　　b) 翻斗车

图 3—18 铁锹　　图 3—19 手推车

(4) 运砖车。运砖车是运输砖块的专用车。使用方便,能减少砖的破损,如图3—20所示。

(5) 砖夹。砖夹是施工单位自制的夹砖工具,一次可以夹起4块标准砖,如图3—21所示。

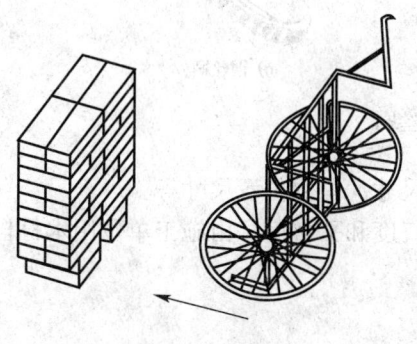

图3—20 运砖车

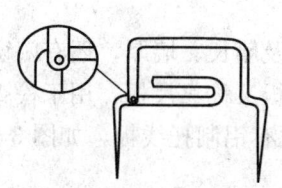

图3—21 砖夹

(6) 砖笼。砖笼是采用塔吊施工时吊运砖块的工具。施工时,在底板上先码好一定数量的砖,然后把砖笼套上并固定,再起吊到指定地点,如此周转使用。砖笼的形状如图3—22所示。

(7) 料斗。料斗是采用塔吊施工时吊运砂浆的工具。当砂浆吊运到指定地点后,打开启闭口,将砂浆放入灰槽内。料斗形状如图3—23所示。

(8) 灰槽。灰槽用1~2 mm厚的黑铁皮制成,供砌筑工存放砂浆用。灰槽形状如图3—24所示。

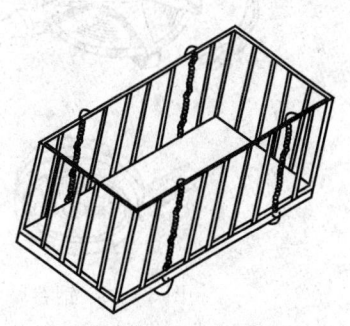

图3—22 砖笼

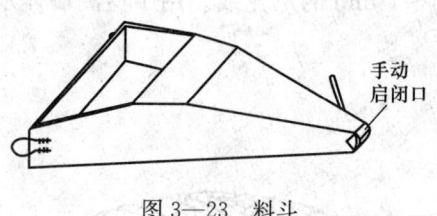

图3—23 料斗

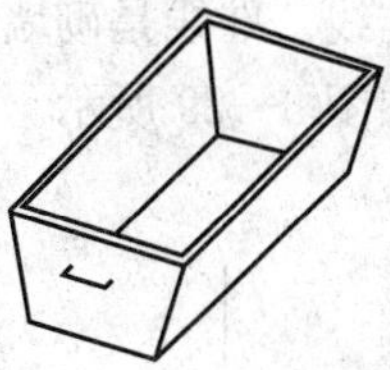

图3—24 灰槽

(9) 其他工具。如橡皮水管(内径25 mm)、大水桶、灰镐、灰勺、钢丝刷及笤帚等,如图3—25所示。

3. 质量检测工具

(1) 钢卷尺。钢卷尺有1 m、2 m、3 m及30 m、50 m等几种规格。砌筑工操作宜选用2 m的钢卷尺,如图3—26所示。钢卷尺应选用有生产许可证的厂家生产的。钢卷尺主要用

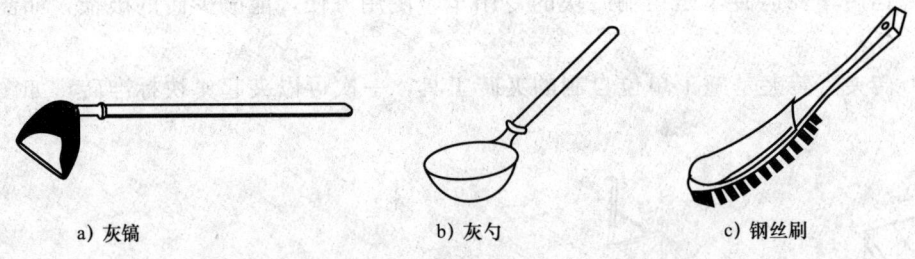

图 3—25 灰镐、灰勺、钢丝刷

来量测轴线尺寸、位置及墙长、墙厚,还有门窗洞口的尺寸、留洞位置尺寸等。

(2) 托线板。托线板又称靠尺板,用于检查墙面垂直度和平整度。由施工单位用木材自制,长 1.2～1.5 m,也有铝制托线板,如图 3—27 所示。

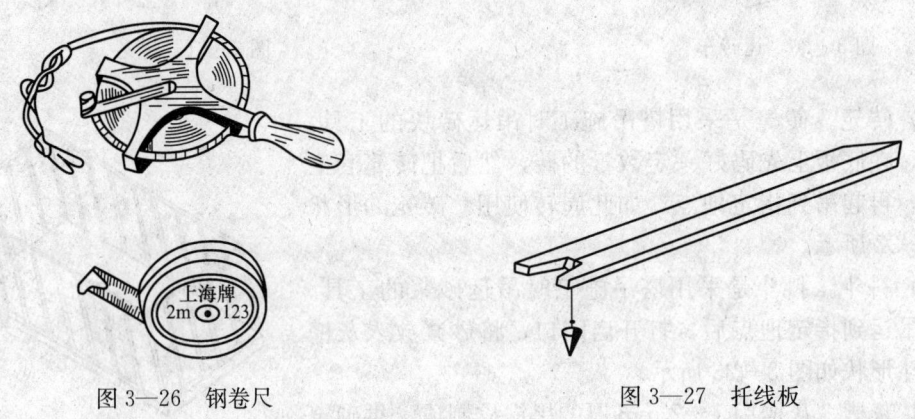

图 3—26 钢卷尺　　　　　　　　图 3—27 托线板

(3) 线锤。线锤是用于检查墙面垂直度,主要与托线板配合使用,如图 3—28 所示。

(4) 准线。准线是砌墙时拉的直径为 0.5～1 mm 的尼龙线。用于检测墙体水平灰缝的平直度,如图 3—29 所示。

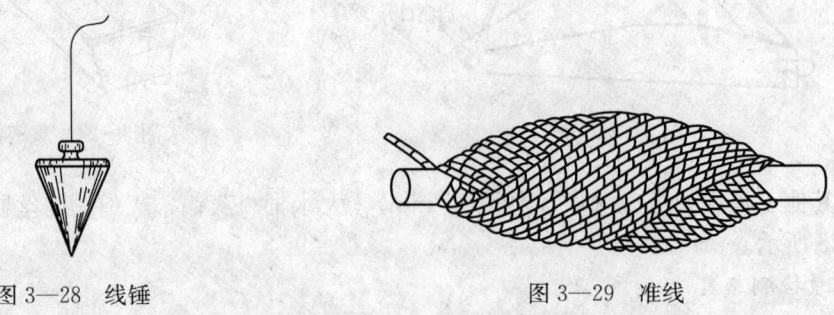

图 3—28 线锤　　　　　　　　图 3—29 准线

(5) 塞尺。塞尺与托线板配合使用,以测定墙、柱的垂直度、平整度的偏差。塞尺上每一格表示厚度方向 1 mm，如图 3—30 所示。使用时，托线板一侧紧贴于墙或柱面上，由于墙或柱面存在平整度误差，必然与托线板产生一定的缝隙，用塞尺轻轻塞进缝隙，塞进格数就表示墙或柱面垂直度或平整度偏差的数值。

(6) 水平尺。水平尺用铁和铝合金制成，中间镶嵌玻璃水准管，用来检查砌体相对水平位置的偏差，如图 3—31 所示。

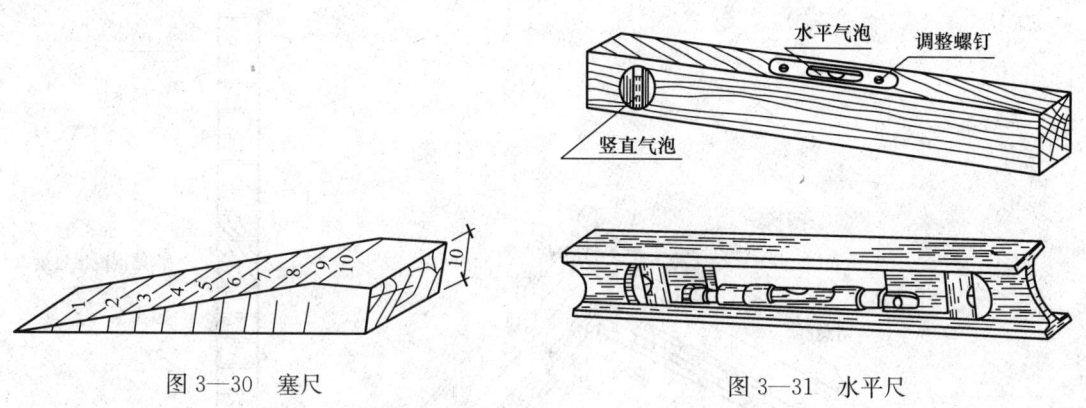

图 3—30 塞尺　　　　　　　图 3—31 水平尺

(7) 百格网。百格网是用于检查砌体水平缝砂浆饱满度的工具。可用铁丝编制锡焊而成，也有在有机玻璃上划格而成，其规格为一块标准砖的大面尺寸。将其长宽方向各分成 10 格，画成 100 个小格，故称百格网，如图 3—32 所示。

(8) 方尺。方尺是用木材制成边长为 200 mm 的 90°角尺，有阴角和阳角两种，分别用于检查砌体转角的方整程度。方尺形状如图 3—33 所示。

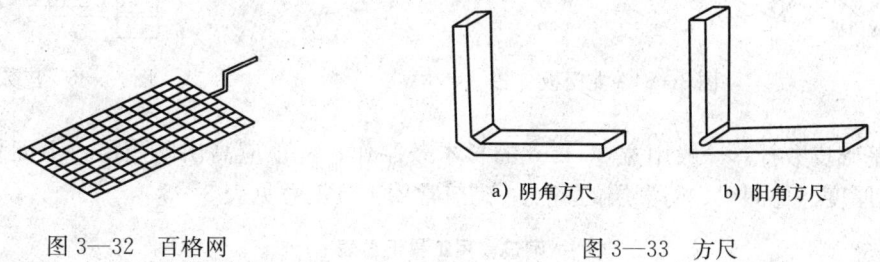

图 3—32 百格网　　　　　　　图 3—33 方尺

(9) 龙门板。龙门板是在房屋定位放线后，砌筑时定轴线、中心线的标准，如图 3—34 所示。施工定位时一般要求板顶面的高程即为建筑物的相对标高±0.000。在板上划出轴线位置，以划"中"字示意，板顶面还要钉一根 20~25 mm 长的钉子。若在两个相对的龙门板之间拉上准线，则该线就表示为建筑物的轴线。有的在"中"字的两侧还分别划出墙身宽度位置线和大放脚排底宽度位置线，以便于操作人员检查核对。施工中严禁碰撞和踩踏龙门板，也不允许坐在其上。建筑物基础施工完毕后，把轴线标高等标志引测到基础墙上后，方可拆除龙门板、龙门桩。

(10) 皮数杆。皮数杆又称线杆,用于控制墙体砌筑时的竖向尺寸,分基础用和墙身用两种。

1) 墙身皮数杆。一般用 5 cm×7 cm、长 3.2~3.6 m 的杉木制作。上面划有砖的层数、灰缝厚度、门窗、楼板、圆梁、过梁以及楼层的高度,如图 3—35 所示。

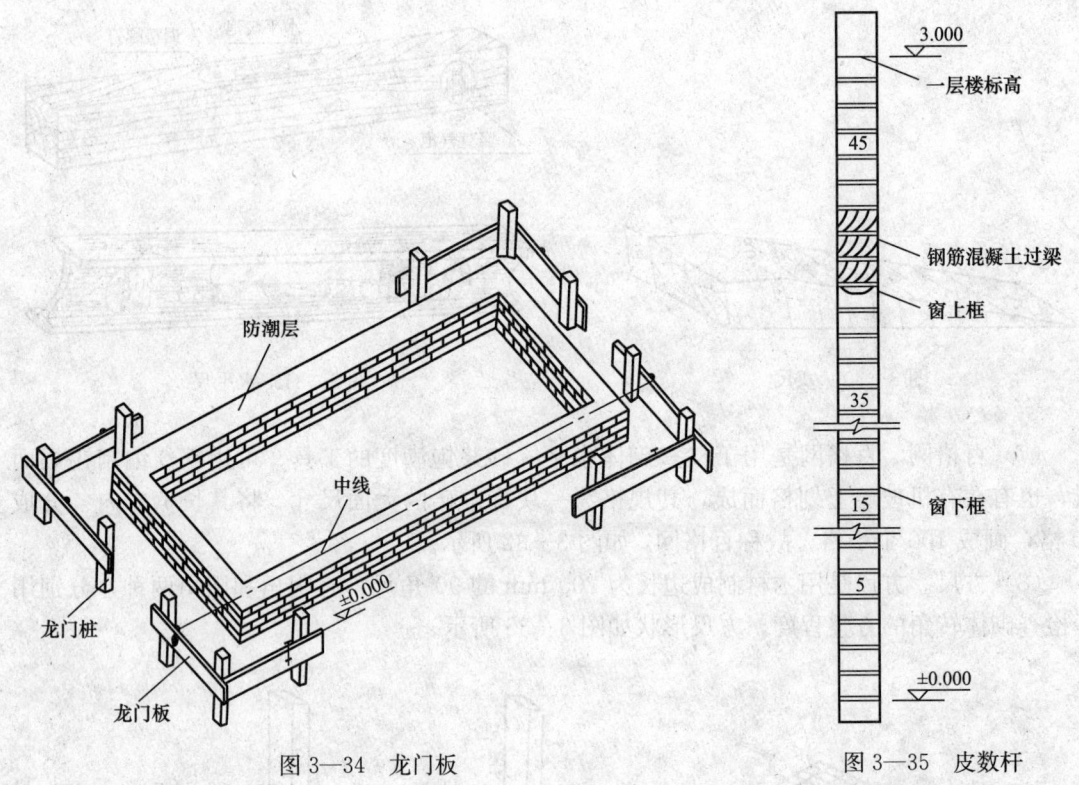

图 3—34 龙门板　　　　　　　　　图 3—35 皮数杆

2) 基础皮数杆。一般用宽 30 mm 的杉木条制作,杆顶应高出防潮层,上面划有砖层数、灰缝厚度、地圈梁、防潮层的高度。砌筑常用工具汇总见表 3—5。

表 3—5　　　　　　　　　砌筑常用工具汇总表

类别	名称	作用	类别	名称	作用
瓦工工具	瓦刀	用于砌墙、打砖、打灰条及发碹	瓦工工具	摊灰尺	用于控制灰缝及摊铺砂浆
	大铲	用于铲灰、铺灰与刮灰		溜子	用于清水墙勾缝
	刨锛	用于打砍砖块		挼子	用于石墙抹勾缝
	手锤	用于敲凿石料与异形砖		灰板	用于承托砂浆
	钢凿	用于开凿石料与异形砖	共用工具	筛子	用于筛分砂

类别	名称	作用	类别	名称	作用
共用工具	铁锹	用于挖土、装车、筛砂等	检测工具	木三角板	用于检测墙体的直角度
	工具车	用于运输砂浆和其他散装材料		托线板	用于检测墙体的垂直度和平整度
	运砖车	用于运输砖块		线锤	用于检测墙体、构件垂直度
	砖夹	用于装卸砖块		塞尺	用于测定墙、柱的垂直度和平整度的偏差
	砖笼	用于垂直吊运砖块			
	料斗	用于垂直吊运砂浆		水平尺	用于检测砌体水平方向的偏差
	灰槽	用于存放砂浆		准线	用于检测墙体水平灰缝的平直度
	灰桶	用于临时储存砂浆		百格网	用于检测墙体水平灰缝的饱满度
检测工具	钢卷尺	用于量测墙体、构件尺寸		方尺	用于检测墙体转角的方正度
	木折尺	用于量测墙体、构件尺寸		铅笔	砌墙时用于作记号
	靠尺	用于检测墙体、构件平整度		皮数杆	用于控制墙体砌筑时的竖向尺寸

二、脚手架

脚手架是砌筑工程的辅助工具。按搭设位置可分为外脚手架和里脚手架；按构造形式可分为立杆式、框式、吊挂式、悬挑式、工具式等多种。立杆式脚手架使用最为普遍，它是由立杆、大横杆、小横杆、脚手板、斜撑、抛撑、剪刀撑等组合而成的。立杆式脚手架一般用于外墙，按立杆排数不同又可分成单排脚手架和双排脚手架。双排脚手架除与墙有一定的拉结点外，整个架子自成体系，可以先搭好架子再砌墙体，如图3—36b所示；单排脚手架只有一排立杆，小横杆伸入墙体，与墙体共同组成一个体系，所以要随着砌体的升高而升高，如图3—36c所示。

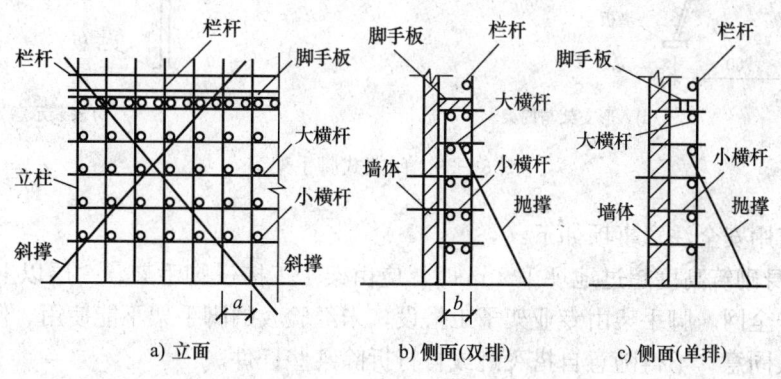

图3—36 立杆式脚手架

里脚手架搭设于建筑物内部，每砌完一层墙后，即将其转移到上层楼层，进行新的一层砌体砌筑。它可用于内、外墙的砌筑和室内装饰施工。里脚手架用料少，但装拆频繁，故要求轻便灵活，装拆方便。其结构形式有折叠式脚手架（见图3—37）、套管支柱式脚手架（见图3—38）和门架式脚手架（见图3—39）等多种。

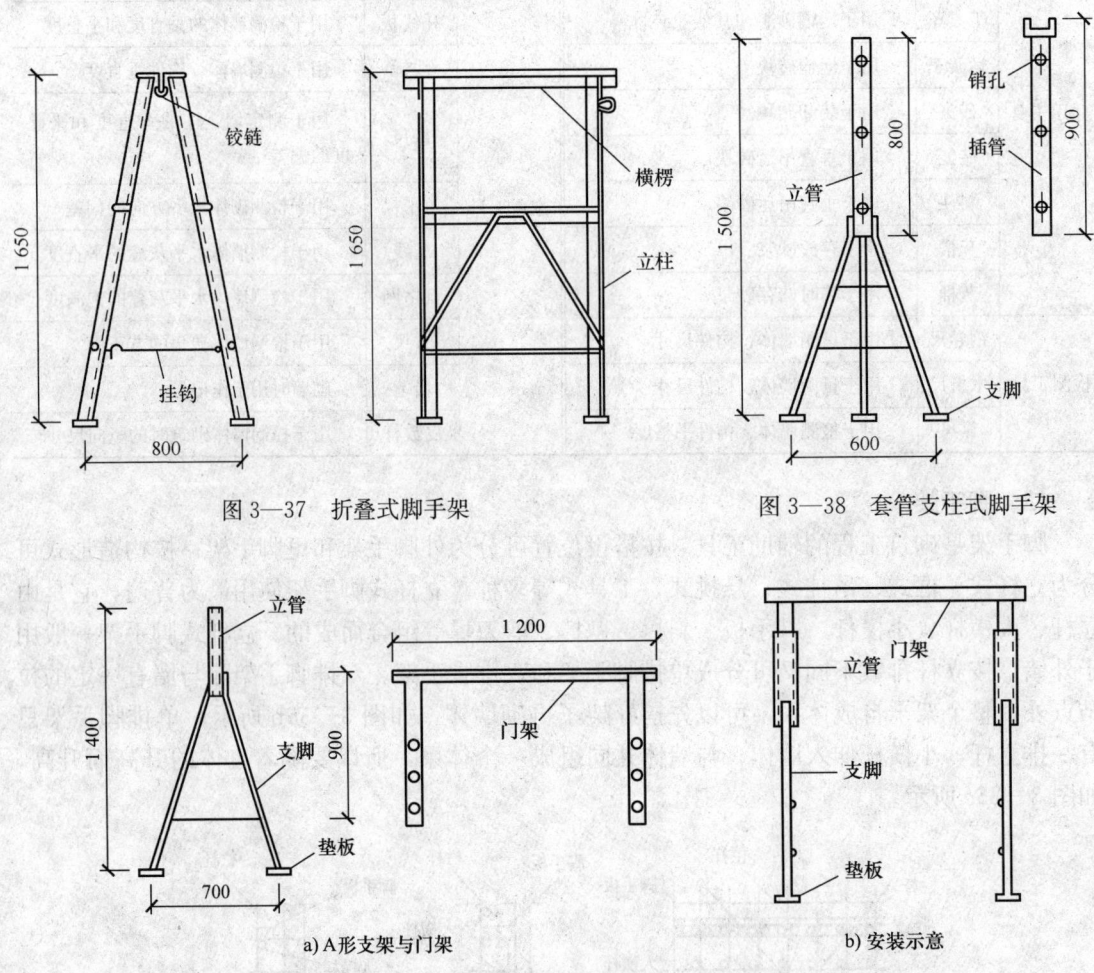

图3—37 折叠式脚手架　　　　　　图3—38 套管支柱式脚手架

a) A形支架与门架　　　　　　b) 安装示意

图3—39 门架式脚手架

脚手架使用安全注意事项如下：

1）当墙身砌筑高度超过地坪1.2 m时，应由架子工搭设脚手架。一层以上或4 m以上高度时应设安全网。脚手架由专业架子工搭设，未经验收的脚手架不能使用。使用中未经专业搭设负责人同意，不得随意自搭飞跳或自行拆除某些杆件。

2）脚手架上所设的各类安全设施，如安全网、安全围护栏杆等均不得任意拆除。

3）砌筑时架子上允许堆料的荷载不应超过3 000 N/m²。堆砖不能超过3层，砖要丁头朝外码放。灰斗和其他材料应分散放置，以保证使用安全。

4）上下脚手架应走斜道或梯子，不准翻爬脚手架。

5）脚手架上有霜雪时，清扫干净后方可进行操作。

6）大雨或大风后要仔细检查整个脚手架，如发现沉降、变形、偏斜应立即报告，经纠正加固后才能使用。

练习

1. 普通黏土砖有哪几种？其强度等级分为哪几种？
2. 砂浆有什么作用？可分为哪几种？
3. 对砌筑砂浆材料有哪些要求？
4. 砌筑砂浆分为哪几种强度等级？

第四单元 砌筑工程

培训目标
1. 熟练掌握普通黏土砖组砌方法。
2. 掌握砖石基础的砌筑方法。
3. 掌握砌筑墙身、窗台砌筑、砖过梁砌筑及构造柱的砌筑方法。
4. 掌握小型砌块砌筑要求及混凝土芯柱施工要求。
5. 了解窨井、渗井及化粪池砌筑。
6. 了解毛石墙砌筑。

模块一 普通黏土砖组砌方法

一、普通黏土砖砌筑基础知识

1. 砌体中砖及灰缝名称

砌筑中破成不同尺寸的砖可分为:"七分头""半砖""二寸条"和"二寸头",如图4—1所示。

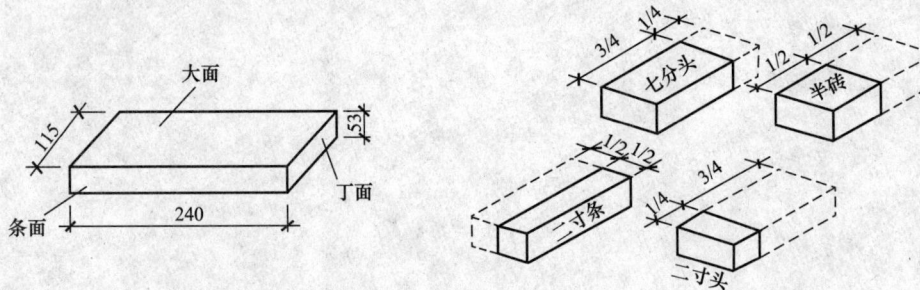

图4—1 破成不同尺寸的砖

砌体内的砖依据砌筑方向的不同可分为:顺砖(砖的长度方向平行于墙的轴线)和丁砖(砖的长度方向垂直于墙的轴线),如图4—2所示。

砖在砌体内的位置可分为:"卧砖"(或称"眠砖")"陡砖""立砖"。砖与砖之间的缝称为灰缝。灰缝分水平缝(水平方向的缝)和竖直缝(垂直方向的缝),如图4—3所示。

2. 砖砌体的组砌原则

砖砌体是由砖块和砂浆通过各种组砌方法砌成的整体。为了使砖砌体形成牢固的整体,在砌筑时要遵守以下几项原则：

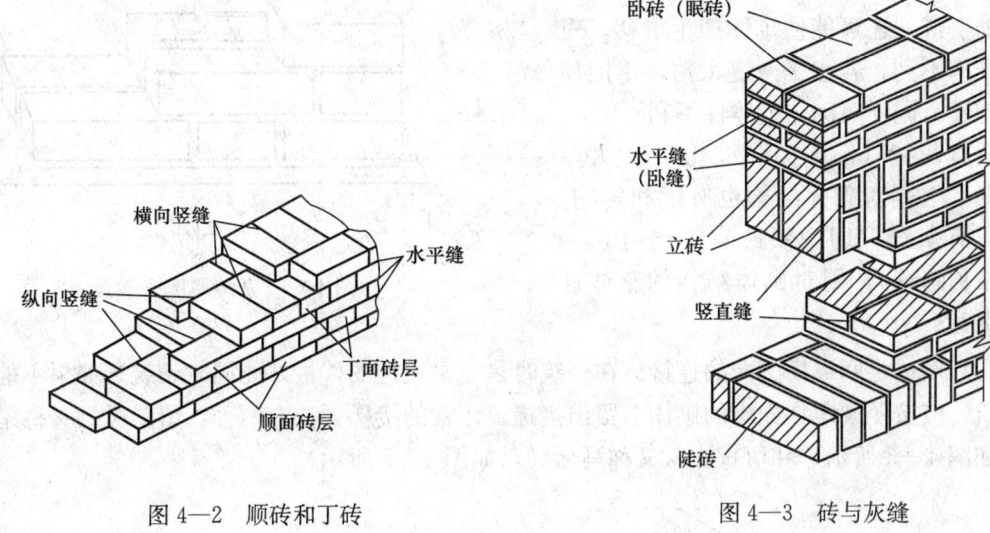

图 4—2 顺砖和丁砖　　　　图 4—3 砖与灰缝

（1）必须错缝砌筑，要求砖块至少应错缝 1/4 砖长，如图 4—4 所示。

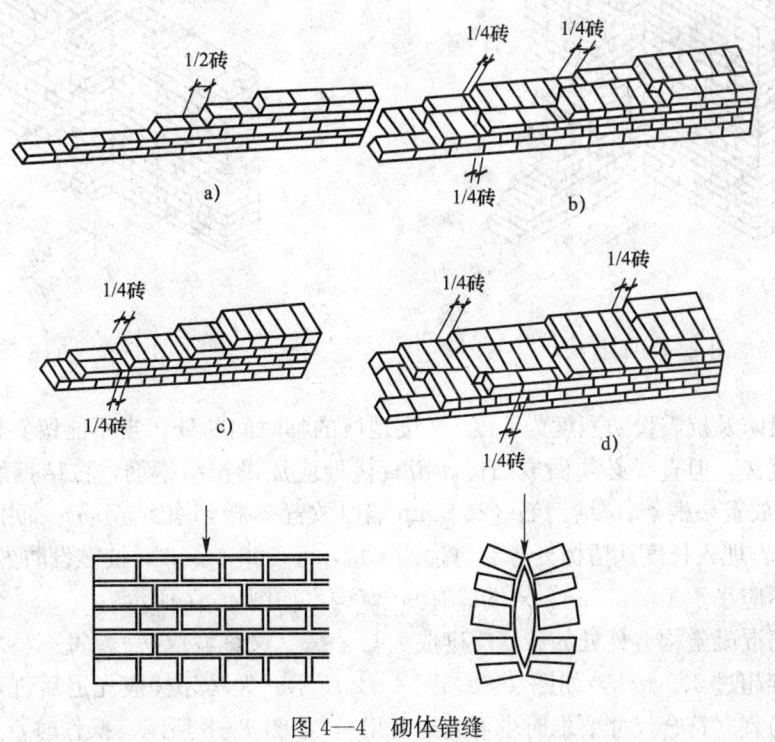

图 4—4 砌体错缝

(2) 灰缝厚度必须控制为 10 mm，最厚不超过 12 mm，最薄不小于 8 mm，如图 4—5 所示。若水平灰缝太厚，不仅会使砌体产生压缩变形，还可能使砌体产生滑移，对砌体结构不利；若水平灰缝太薄，不能使砂浆饱满，同样对砌体整体性不利。

垂直灰缝（俗称头缝），也不应太厚或太薄，否则对砌体结构也有不利影响。如果没有灰缝（即两块砖直接组合在一起，俗称瞎缝），则对砌体结构的整体性影响更甚。

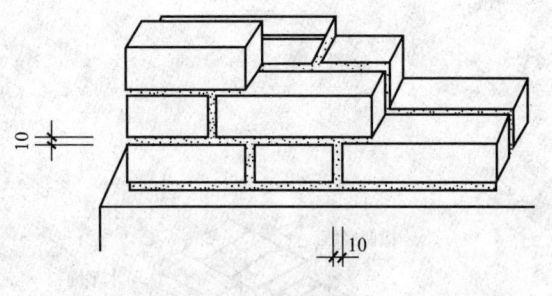

图 4—5 灰缝厚度

(3) 墙体之间纵横方向的连接，在砌筑时是非常关键的，最好能同时砌筑。如果不能同时砌筑，应按照规定在先砌的砌体上留出接槎。正常的接槎方法有两种：留斜槎（又称踏步槎，如图 4—6 所示）和留直槎（又称马牙槎，如图 4—7 所示）。

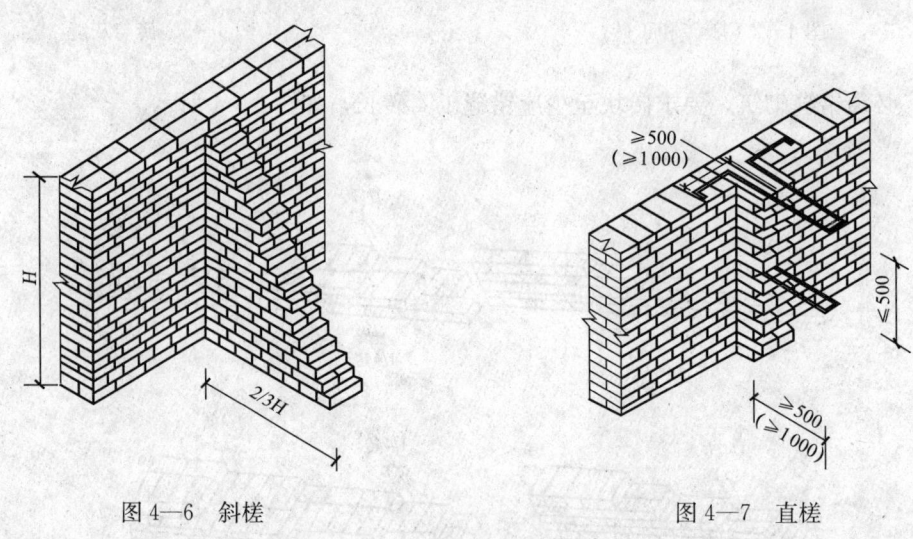

图 4—6 斜槎　　　　　　　　　　图 4—7 直槎

非抗震设防及抗震设防烈度为 6 度、7 度地区的临时间断处，当不能留斜槎时，除转角处外，可留直槎，但直槎必须做成凸槎。留直槎处应加设拉结钢筋，拉结钢筋的数量为每 120 mm 墙厚放置一根 φ6 拉结钢筋（240 mm 墙厚放置 2 根 φ6 拉结钢筋），间距沿墙高不应超过 500 mm。埋入长度从留槎处算起每边均不应小于 500 mm，对抗震设防烈度为 6 度、7 度的地区，不应小于 1 000 mm。末端应有 90°弯钩，如图 4—7 所示。

(4) 钢筋混凝土构造柱处的砖墙应砌成大马牙槎（又称罗汉槎）。每一马牙槎沿高度方向的尺寸不宜超过 300 mm，如图 4—8、图 4—9 所示。大马牙槎应先退后进，按砖的皮数以四退四出为宜（符合尺寸要求时也可五退五出），如图 4—8 所示。操作时，先按构造柱截面尺寸边线退 60 mm（1/4 砖长）砌四皮砖，之后再在柱边伸出 60 mm（1/4 砖长）砌四皮砖，如此重复砌筑则成大马牙槎。钢筋混凝土构造柱主筋配 4ϕ12，箍筋 ϕ6，间距≤250 mm；构造柱截面尺寸：240 mm×240 mm。柱上端与本层圈梁连接，下端与下一楼层圈梁连接或伸入基础。沿墙每 500 mm 设置 2ϕ6 水平拉筋，每边伸入墙内应≥1 m，如图 4—9 所示。

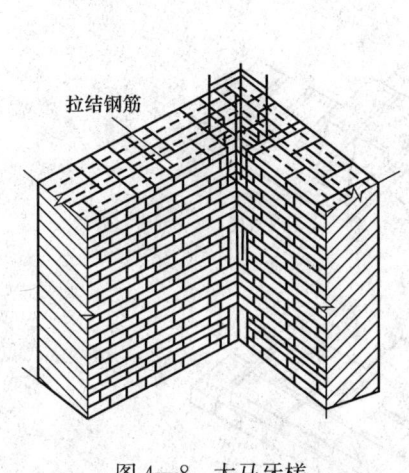

图 4—8 大马牙槎

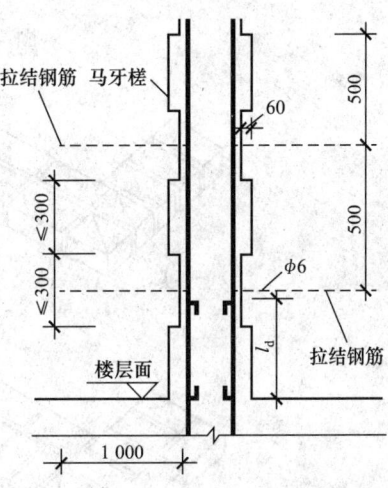

图 4—9 大马牙槎处钢筋布置

二、普通黏土砖的组砌形式

用普通黏土砖砌筑的砖墙，依其墙面组砌形式的不同，分为以下几种砌筑方法：

1. 一顺一丁砌法

一顺一丁砌法又称为满丁满条砌法，此种砌法由一皮顺砖与一皮丁砖相互交替砌筑而成，上、下皮的竖缝相互错开 1/4 的砖长。

这种砌法的优点是：各皮砖间错缝搭接牢固，墙体整体性较好，操作时变化小，易于掌握，砌筑时墙面也容易控制平直。缺点是：当砖的规格不一致时，竖缝不易对齐，在墙的转角、丁字接头、门和窗洞口等处都要砍砖，因此砌筑效率受到一定限制。另外，当砌 24 墙时，丁砖层的砖有两个面露出墙面（也称出面砖）较多，故对砖的质量要求较高。

这种砌法在砌筑中采用较多，它的墙面形式有两种：一种是砖层上下对称（俗称十字缝），如图 4—10a 所示，另一种是顺砖层上下相错半砖（俗称骑马缝），如图 4—10b 所示。

一顺一丁砌法在调整错缝搭接时，可用"内七分头"或"外七分头"（3/4 砖），但以"外七分头"较为常见，如图 4—11 所示。图中有斜线的砖均为"七分头"。

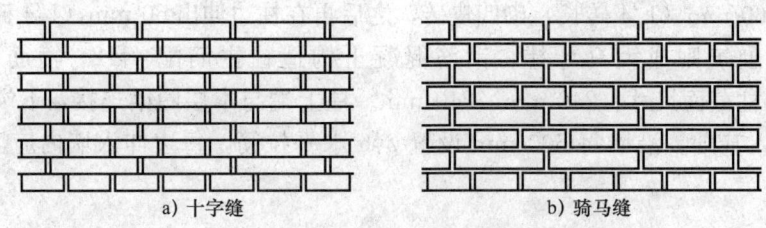

a) 十字缝　　　　　　　　b) 骑马缝

图 4—10　一顺一丁砌法

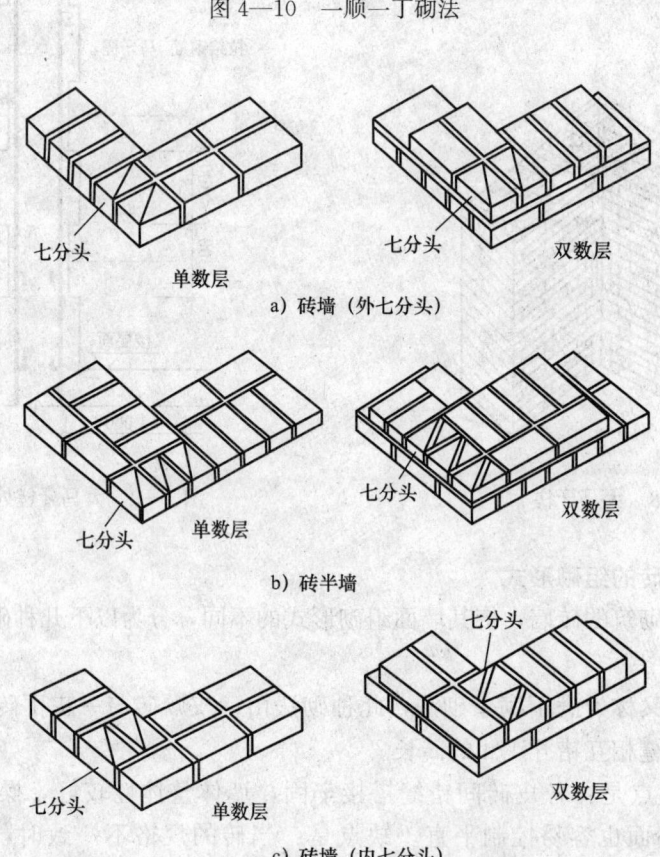

a) 砖墙（外七分头）

b) 砖半墙

c) 砖墙（内七分头）

图 4—11　一顺一丁墙大角错缝砌法

2. 三顺一丁砌法

这种砌法是三皮顺砖与一皮丁砖相互交叉叠砌而成，上、下皮顺砖搭接为 1/2 砖长，顺砖与丁砖搭接为 1/4 砖长，如图 4—12 所示。同时要求檐墙与山墙的丁砖层不在同一皮，以利于搭接。这种叠砌法常在砖规格不太一致以及砌清水墙时使用。其优点是：出面砖较少，在转角、十字与丁字接头、门窗洞口等处可减少打"七分头"，所以操作工效较快，可提高工作效率。缺点是：由于顺砖层较多，不易控制墙面平整，当砖较湿或砂浆较稀时，顺砖层不易砌平,而且容易向外挤出,影响质量。

三顺一丁砌法的头角处,错缝搭接通常在丁砖层采用"内七分头"调整,如图 4—12a、b 所示。

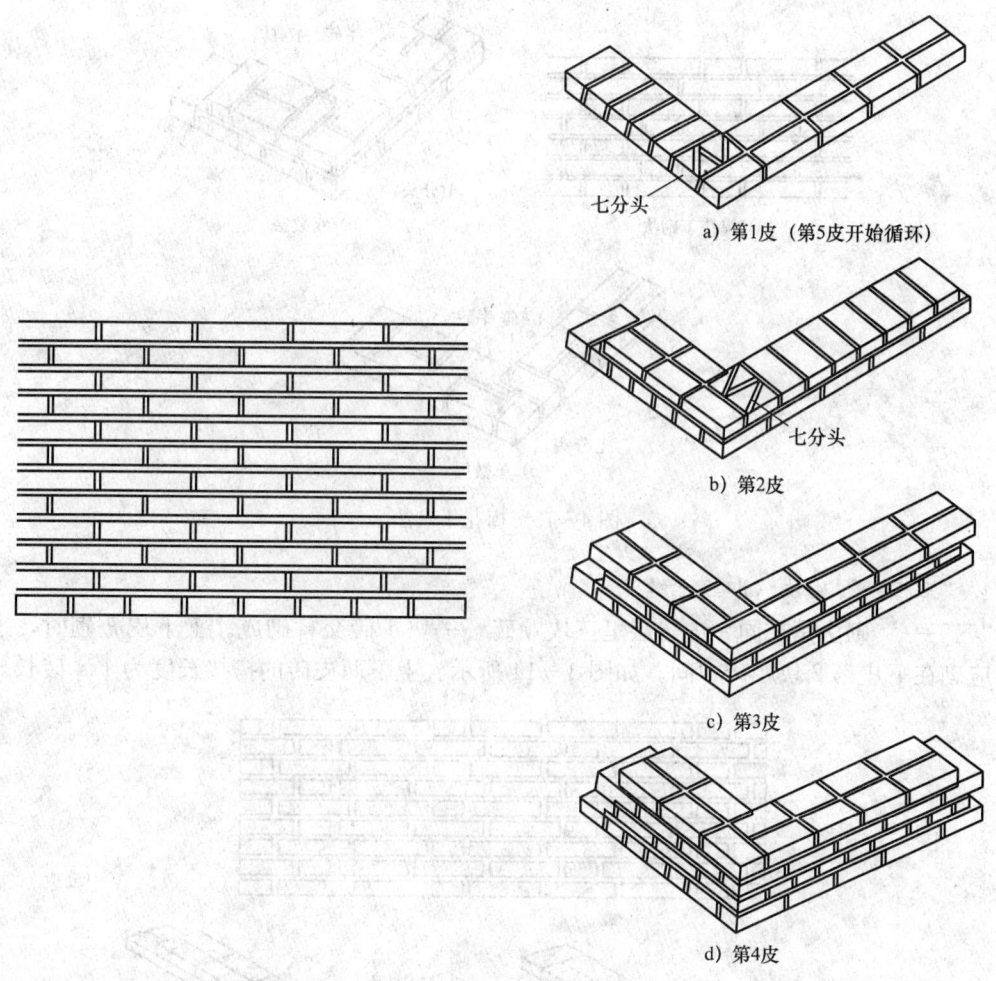

图 4—12 三顺一丁砌法

3. 梅花丁砌法（俗称沙包法）

梅花丁砌法是在同一皮砖内一块顺砖、一块丁砖向隔砌筑（在转角处不受此限）,上下两皮间竖缝错开 1/4 砖长,丁砖必须在顺砖的中间,如图 4—13 所示。

这种砌筑方法的优点是:内外竖缝都能错开,故整体抗压性好,墙面容易控制平整,竖缝易于对齐,特别是在砖的长宽比例出现差异时,竖缝容易控制。因外形整齐美观,所以多用于砌筑外墙。缺点是:丁、顺砖交替砌筑,操作时容易搞错,比较费工,且抗拉强度不如三顺一丁砌法。

梅花丁砌法在头角处用"七分头"调整错缝搭接时,必须采用"外七分头",如图 4—13 所示。

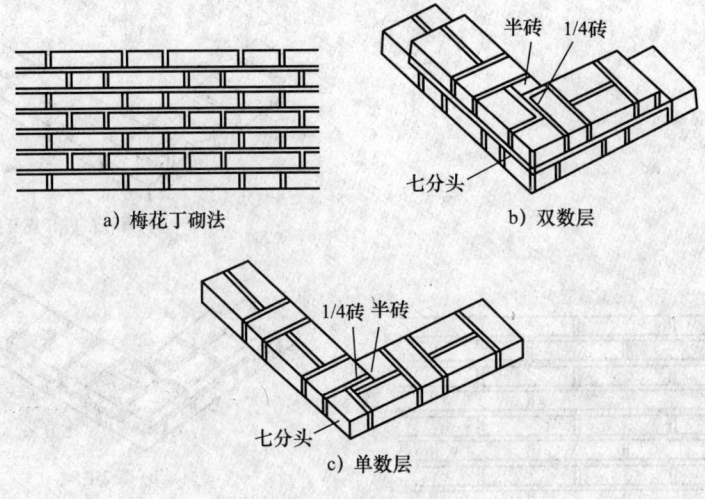

图 4—13 梅花丁砌法

4. "三三一"砌法(即三七缝法)

"三三一"砌法是在同一皮砖层里三块顺砖、一块丁砖交替砌成。上下皮叠砌时,上皮丁砖应砌在下皮第 2 块顺砖中间,如图 4—14 所示。上下两皮砖的搭接长度为 1/4 砖长。

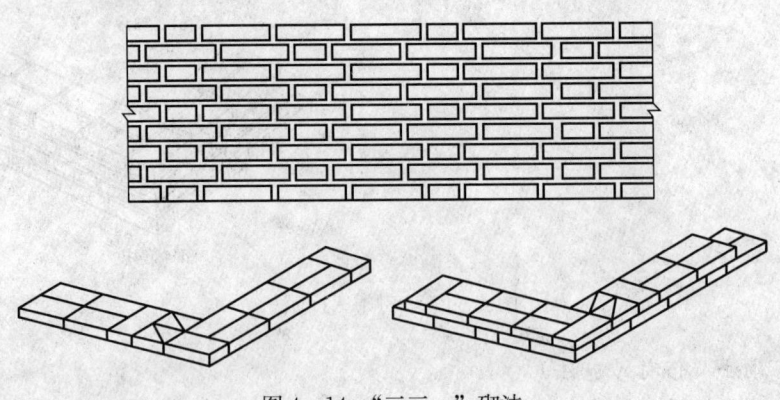

图 4—14 "三三一"砌法

采用这种砌法的优点是:正、反面墙均较平整,可以节约抹灰材料。缺点是:施工中砍砖较多,砌长度不大的窗间墙时,排砖很不方便,故工效较"三顺一丁"慢,同时因砖层内丁砖数量较少,对整体性有一定影响。

5. 顺砌法（条砌法）

每皮砖全部用顺砖砌筑，两皮间竖缝搭接1/2砖长。这种砌法仅用于半砖隔断墙，如图4—15所示。

6. 丁砌法

每皮全部用丁砖砌筑，两皮间竖缝搭接为1/4砖长，如图4—16所示。这种砌法多用于圆形构筑物，如水塔、烟囱、水池、圆仓、窨井等的墙身。一般采用外圆放宽竖缝，内圆缩小竖缝的办法形成圆弧。

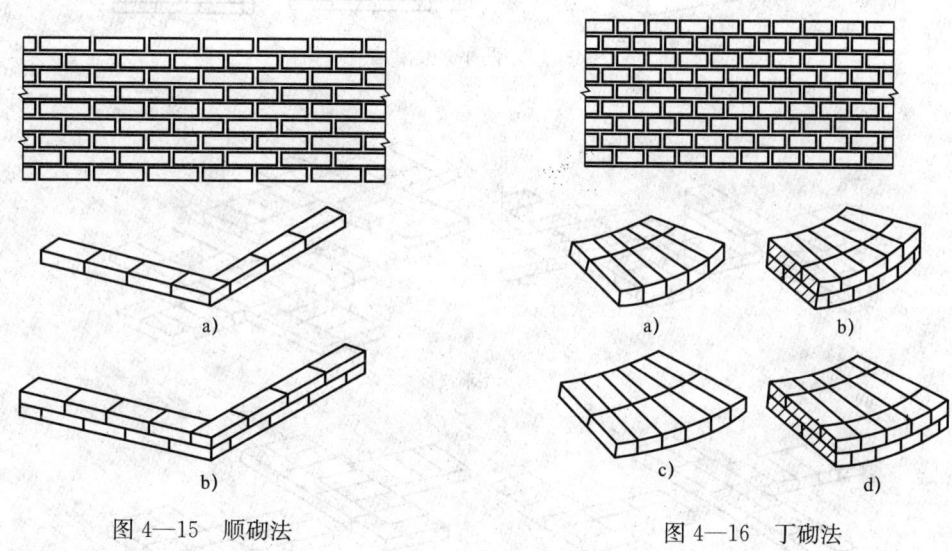

图4—15 顺砌法　　　　图4—16 丁砌法

7. 两平一侧砌法

两平一侧砌法为在两皮砌的顺砖旁砌一块侧砖，其厚度为18 cm，故常用于一八墙砌筑，如图4—17所示。这种砌法比较费工，且墙体的抗震性能较差。但可节约用砖量，一般用作一层及二层楼房的内、外墙。每砌两皮砖以后，将平砌砖和侧砌砖里外互换，即可组成两平一侧砌体。

8. 满丁满条十字墙、丁字墙交接砌法

在砖墙的丁字及十字交接处，应分皮错缝砌筑。内角相交处竖缝应错开1/4砖长。当砌丁字接头时，应在横墙端头加砌"七分头"。十字、丁字墙排砖如图4—18所示。

9. 矩形砖柱的组砌方法

（1）砖柱的形式。砖柱一般分为矩形、圆形、正多角形和异形等几种。矩形砖柱分为独立柱和附墙柱两类，圆形柱和正多角形柱一般为独立砖柱，异形砖柱较少，现在通常由钢筋混凝土柱代替。

（2）对砖柱的要求。砖柱一般是承重用的，因此，比砖墙更要认真砌筑。要求柱面上下各皮砖的竖缝至少错开1/4砖长，柱心不得有通缝，并尽量少打砖，也可利用1/4砖，绝对

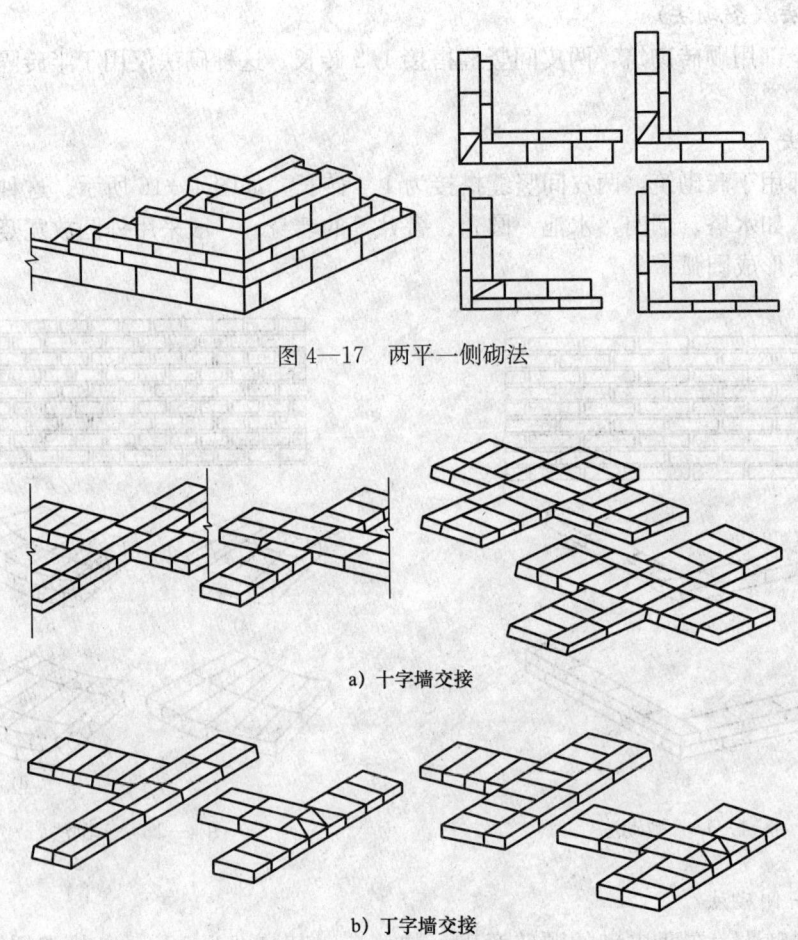

图 4—17 两平一侧砌法

a) 十字墙交接

b) 丁字墙交接

图 4—18 墙体交接排砖

不能采用先砌四周砖后填心的包心砌法。对砖柱，除了有与砖墙相同的要求以外，还应尽量选边角整齐、规格一致的整砖砌筑。每工作班的砌筑高度不宜超过 1.8 m，柱面上不得留设脚手眼，如果是成排的砖柱必须拉通线砌筑，以防发生扭转和错位。柱与隔墙不能同时砌筑时，可于柱中留出直槎，并于柱的灰缝中预埋拉结筋，每道不少于 2 根。对于清水墙配清水柱，要求水平灰缝在同一标高上。附墙柱在砌筑时应同时砌筑墙和柱，不能先砌墙后砌柱或先砌柱后砌墙。

(3) 矩形柱的组砌方法。矩形柱的组砌方法如图 4—19 所示。图中一砖半柱的组砌方法为常用方法，虽然它在上下两皮砖间有两条 1/2 砖长的通缝，但砍砖少，有利于节约材料和提高工效。

矩形附墙砖柱的组砌方法要根据不同墙厚及柱的大小而定。无论哪种砌法都应使柱与墙

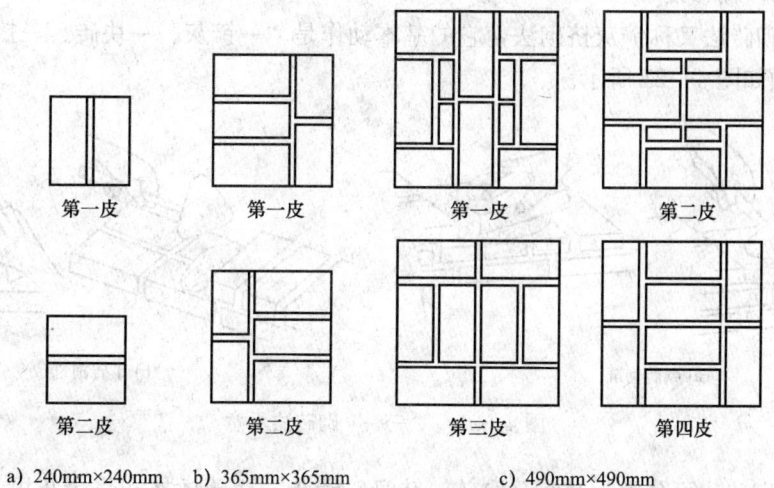

图 4—19 矩形独立柱的组砌形式

逐皮搭接,切不可分离砌筑,搭接长度至少为 1/2 砖长。柱根据错缝需要,可加砌 3/4 砖或半砖。图 4—20 所示为一砖墙上附有不同尺寸柱的砌法。

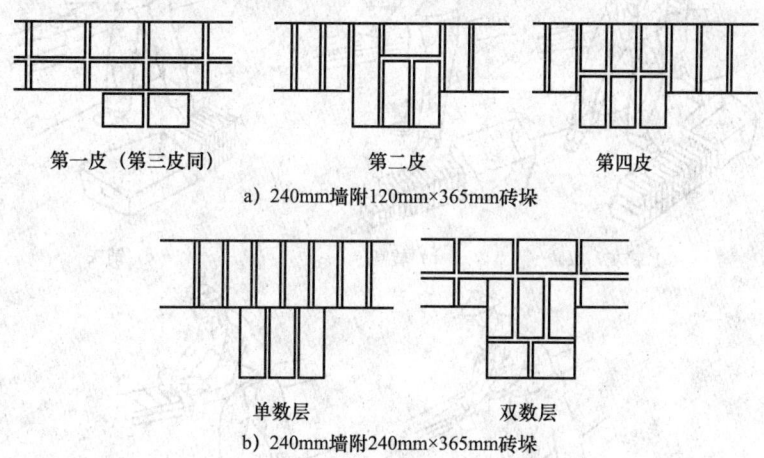

图 4—20 矩形附墙砖柱的组砌形式

另外,一砖半砖柱组砌时最容易犯包心砌法的毛病,应多加注意。

三、普通黏土砖砌筑方法

砌筑普通黏土砖、蒸压灰砂砖、粉煤灰砖、煤渣砖等可选用"三一"砌砖法、摊尺铺灰法、"二三八一"砌砖法、满刀灰刮浆法。

1. "三一"砌砖法

"三一"砌砖法又称铲灰挤砌法,它的基本动作是"一铲灰、一块砖、一挤揉"。具体操作顺序及要领如图4—21所示。

a) 顺砖砌筑　　　　　　　b) 丁砖砌筑

图4—21　"三一"砌砖法示意

"三一"砌砖法可分解为铲灰、取砖、转身、铺灰、摆砖揉挤和将余灰甩入竖缝6个动作,如图4—22所示。

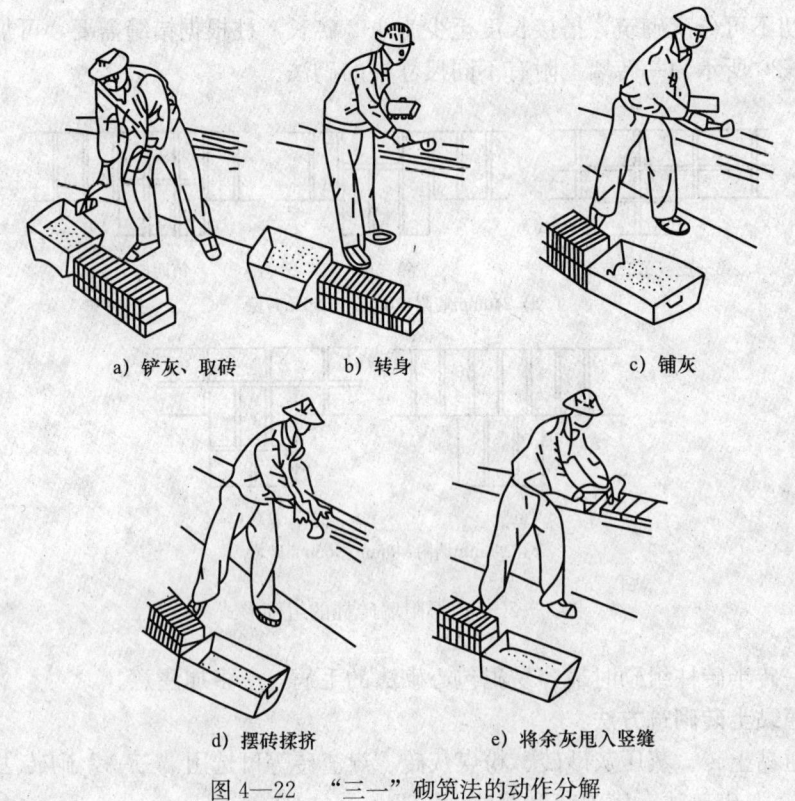

a) 铲灰、取砖　　　b) 转身　　　c) 铺灰

d) 摆砖揉挤　　　e) 将余灰甩入竖缝

图4—22　"三一"砌筑法的动作分解

(1) 步法。操作时,人应顺墙体斜站,左脚在前,离墙约 15 cm 左右,右脚在后,距墙及左脚跟约 30~40 cm。砌筑方向是由前往后退着走,这样操作可以随时检查已砌好的砖是否平直。砌完 3~4 块顺砖后,左脚后退一大步(约 70~80 cm),右脚后退半步,人斜对墙面,可砌筑约 50 cm,砌完后左脚退半步,右脚退一步,恢复到开始砌砖时的部位。如此反复上述步法继续砌砖,如图 4—23 所示。

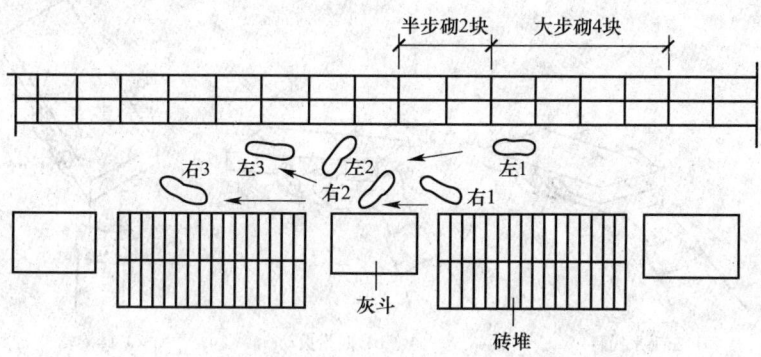

图 4—23 砌筑步法平面

(2) 铲灰。铲灰时应先用铲底摊平砂浆表面(便于掌握吃灰量),然后手腕横向转动铲灰,减少手臂动作。根据灰缝厚度确定取灰量,尽量做到一铲(刀)灰一块砖。

步骤:操作者右手拿大铲→向右(灰桶方向)侧身弯腰→将大铲切入(大铲面水平略带倾斜)灰桶砂浆→向左前或右前顺势舀起砂浆,如图 4—24 所示。

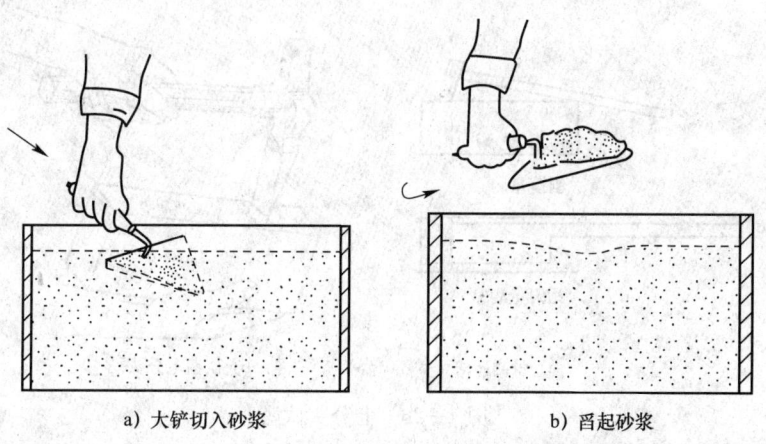

a) 大铲切入砂浆   b) 舀起砂浆

图 4—24 大铲铲灰法

(3) 取砖。取砖时应随拿砖随挑选好下一块砖。左手拿砖,右手拿灰,同时拿起来,以减少弯腰次数,争取砌筑时间。

1）左手取砖。取砖时，要注意选砖，哪些砖适合砌在什么部位，要做到心中有数，并且力争做到取第一块砖时就要看准下一块要用的砖。

2）旋砖。左手平托砖（砖的大面贴在手心）→食指或中指稍勾砖的边棱→四指拨动（同时左臂抖腕）→砖在掌心旋转→选定合适面，如图4—25所示。

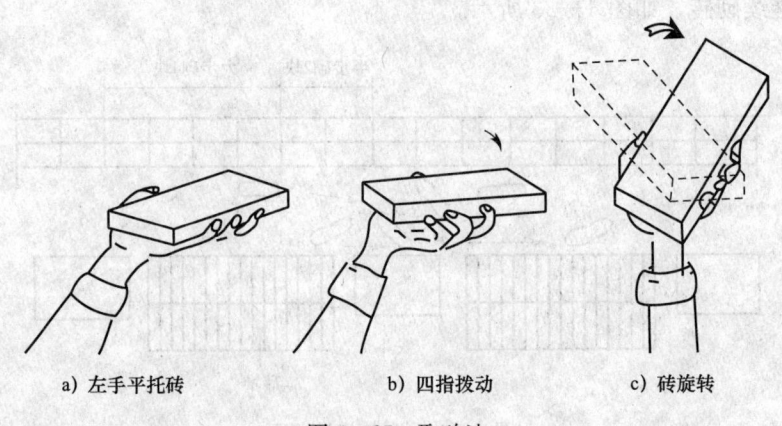

a) 左手平托砖　　　b) 四指拨动　　　c) 砖旋转

图4—25　取砖法

（4）砍砖。

1）七分头砍凿。选砖（外观平整、内在质地均匀）→左手持砖（条面向上）→以瓦刀或刨锛所刻标记处测量一下砖块→在砖的条面上划出印子→用瓦刀或刨锛砍下七分头，如图4—26所示。

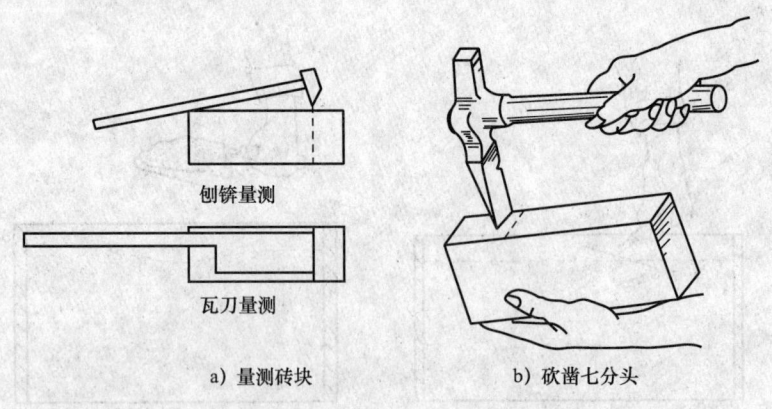

a) 量测砖块　　　　　　b) 砍凿七分头

图4—26　七分头砍凿

2）二寸条砖的砍凿。选砖（外观平整、内在质地均匀）→两个大面均划好刻痕→用瓦刀或刨锛在砖的两个丁面上各砍一下→用瓦刀口轻轻叩打砖的两个大面，逐步增加叩打力量→最后在砖的两个丁面用力砍凿成二寸条，如图4—27所示。

（5）铺灰。铺灰是砌筑中比较关键的动作，如掌握不好就会影响砌筑质量，有时落灰点

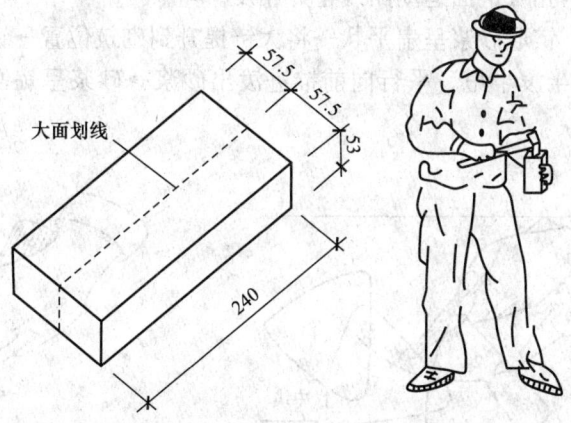

图 4—27 砍凿二寸条

不准还需用铲刮平,增加多余动作。铺灰可用方形大铲或桃形大铲,方形大铲的形状、尺寸与砖面的铺灰面积相似。铺灰动作可分为甩、溜、泼、扣等。

在砌顺砖时,当墙砌得不高且距操作者较远时,可采用溜灰方法铺灰;当墙砌得较高,近身砌砖时可采用扣灰方法铺灰;砌近身及身后部位的墙体可用泼灰方法铺灰。

砌顺砖溜灰步骤:铲取砂浆呈扁平状→将大铲提升到砌筑位置→铲尖紧贴砖面,铲柄略抬高→向身后抽铲落灰→砂浆呈扁平状,与墙边取齐,厚度为 1.5 cm,如图 4—28 所示。

砌顺砖扣灰步骤:铲取砂浆呈均匀条状→将大铲提升到砌筑位置→铲面转成 90°(手心向下)→利用手臂前推力顺砖面中心将灰扣出→砂浆呈条状均匀落下,如图 4—29 所示。

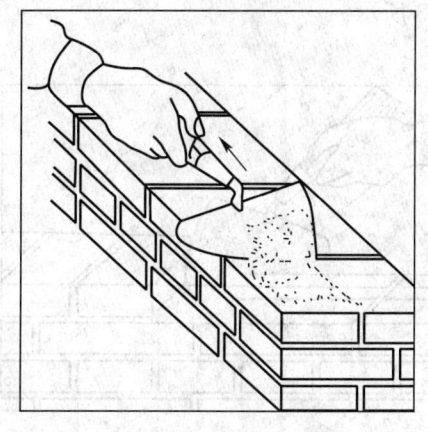

图 4—28 砌顺砖溜灰

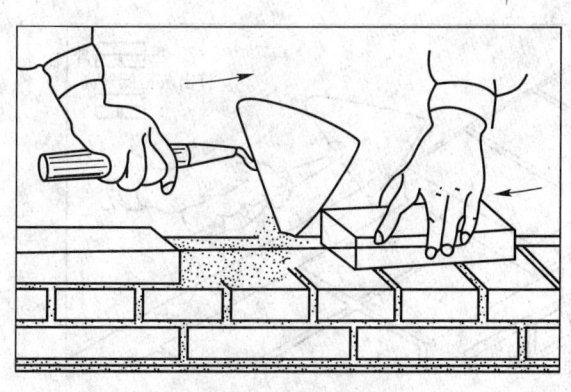

图 4—29 砌顺砖扣灰

砌顺砖甩灰步骤:铲取砂浆呈均匀条状→将大铲提升到砌筑位置→铲面转成 90°(手心向上)→手腕向上扭动,配合手臂的上挑力顺砖面中心将灰甩出→砂浆呈条状均匀落下,如

图4—30所示。甩灰与扣灰铲面运动路线正好相反。

砌顺砖泼灰步骤：铲取砂浆呈扁平状→将大铲提升到砌筑位置→铲面转成斜状（手柄在前）→利用手腕转动成半泼半甩、平行向前推进泼出砂浆→砂浆呈扁平状，厚度为1.5 cm，如图4—31所示。

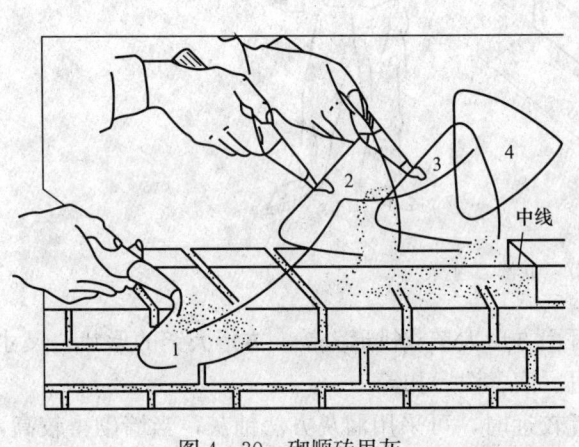

图4—30 砌顺砖甩灰

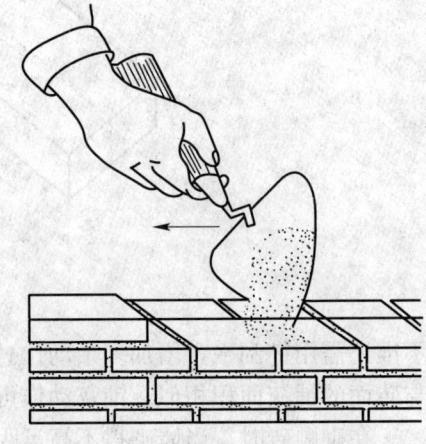

图4—31 砌顺砖泼灰

在砌丁砖时，当墙砌得较高且近身时，还可采用泼灰方法和扣灰方法铺灰。

砌丁砖扣灰步骤：铲取砂浆前部略低→将大铲提升到砌筑位置→铲面成斜状（朝丁砖长方向）→利用手臂推力将灰扣在砖面上，使灰条外部稍厚，如图4—32所示。

砌丁砖溜灰步骤：铲取砂浆前部略厚→将大铲提升到砌筑位置→将手臂伸过准线，使大铲边与墙边取平→抽铲落灰→砂浆呈扁平状，如图4—33所示。

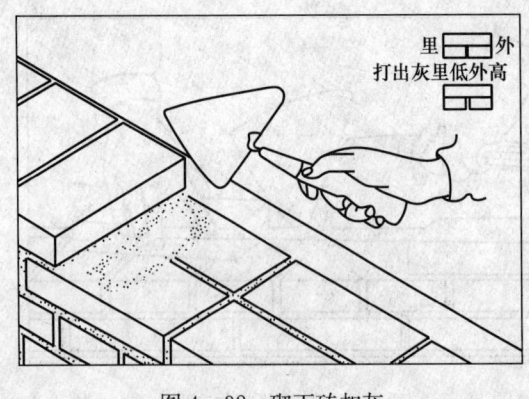

图4—32 砌丁砖扣灰

图4—33 砌丁砖溜灰

砌丁砖正手甩灰步骤：铲取砂浆呈扁平状→将大铲提升到砌筑位置→铲面成斜状（朝手心方向）→利用手臂的左推力将灰甩出→砂浆呈扁平状，如图4—34所示。用于砌离身低而远的墙体部位。

砌丁砖反手甩灰步骤：铲取砂浆呈扁平状→将大铲提升到砌筑位置→铲面成斜状（朝手背方向）→利用手臂的右推力将灰甩出→砂浆呈扁平状，如图4—35所示。用于砌近身高的墙体部位。

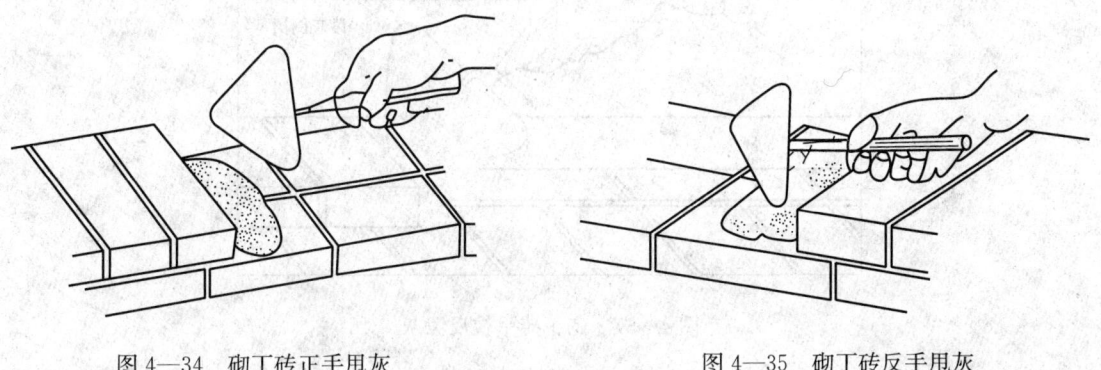

图4—34　砌丁砖正手甩灰　　　　　　图4—35　砌丁砖反手甩灰

砌丁砖正泼灰步骤：铲取砂浆呈扁平状→将大铲提升到砌筑位置→铲面成斜状（掌心朝左）→利用腕力平行向左推进泼出砂浆→砂浆呈扁平状，如图4—36所示。用于砌近身处的外丁砖（三七厚墙）。

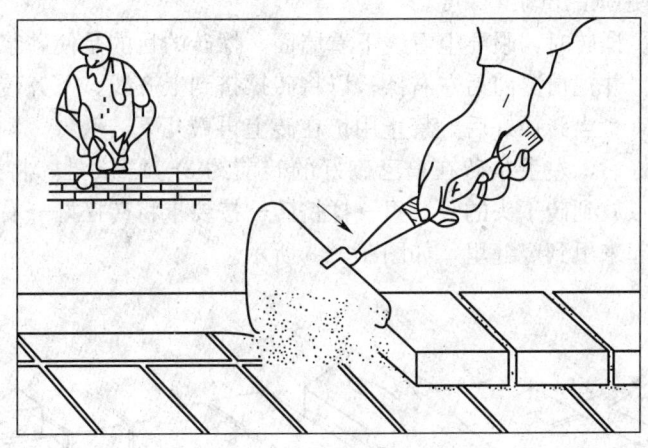

图4—36　砌丁砖正泼灰

砌丁砖平拉反泼灰步骤：铲取砂浆呈扁平状→将大铲提升到砌筑位置→铲面成斜状（掌心朝右）→利用腕力平拉反泼砂浆→砂浆呈扁平状，如图4—37所示。用于砌离身较远处的外丁砖（三七厚墙）。

用甩浆法，甩出浆的厚度要使摊铺面积正好能砌一块砖，不要铺得超过已砌完的砖太

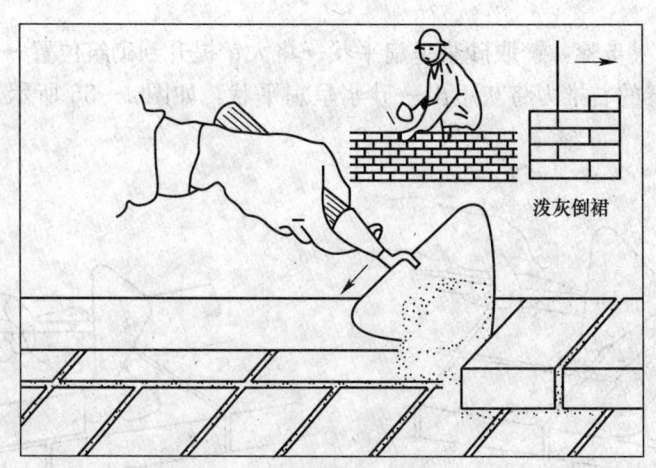

图 4—37 砌丁砖平拉反泼灰

多,否则先铺的灰由于砖吸水会变稠,不利于下一块砖揉挤。不论采用哪一种铺灰动作,都要求铺出的灰条近似砖的外形,长度比一块砖稍长 1~2 cm,宽约 8~9 cm,灰条与墙面距离约 2 cm,并与前一块砖的灰条相接。铺好灰后不要用大铲来回扒拉,或用铲角抠点灰去打头缝,这样容易造成水平缝不饱满。砌完砖应将灰缝缩入墙内 10~12 mm,即砌缩口灰,砂浆不铺到边,以便预留出勾缝深度。

(6) 摆砖揉挤。揉砖时,眼要上看线下看墙面。揉砖的目的是使砂浆饱满,砂浆薄要轻揉,砂浆厚要重揉,并视情况前后左右揉;以将砖揉挤到上齐线、下齐砖棱,砂浆饱满,灰缝厚度符合要求为宜。当砖揉好后,禁止用铲在砖上再敲几下。

步骤:砂浆铺好后,左手拿砖在离已砌好的砖前约 3~4 cm 处,将砖平放并稍蹭着灰面→把砂浆刮起一点放到砖丁头的竖缝里→揉挤砖→按要求将砖摆好→右手用铲或瓦刀,将排挤出墙面的灰刮起来甩到竖缝里,如图 4—38 所示。

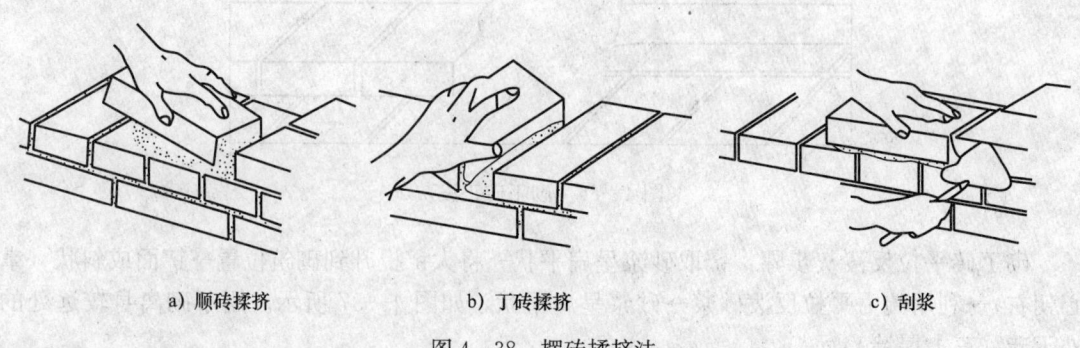

a) 顺砖揉挤　　　　　b) 丁砖揉挤　　　　　c) 刮浆

图 4—38 摆砖揉挤法

采用"三一"砌砖法时,所用砂浆的稠度7~9 cm为宜。不能太稠,砂浆太稠不易揉砖,竖缝也填不满;但砂浆也不能太稀,太稀的砂浆易从大铲上滑下去,操作不方便。

"三一"砌砖法的优点是:由于铺出来的砂浆面积相当于一块砖的大小,并随即揉砖,因此灰缝容易饱满,黏结力强,能保证砌筑质量;在挤砌时随手刮去挤出的砂浆,使墙面保持清洁。缺点是:这种操作方法一般是个人单干,发挥分工协作的效能较差;操作时,取砖、铲灰、铺灰、转身、弯腰等烦琐动作较多,要耗去一定时间,影响砌筑效率,因而常用2铲灰砌3块砖,或3铲灰砌4块砖的办法来提高砌筑效率。

"三一"砌砖法适合于砌窗间墙、柱、垛、烟囱筒壁等较短的部位。

2. 摊尺铺灰法

砌砖时,先在墙上铺1 m左右长度的砂浆,用摊灰尺找平,然后在其上砌砖,称为摊尺铺灰法,又叫坐浆砌砖法,它利用摊尺来控制摊铺砂浆的厚度。

操作时,人站立的位置以距离墙面10~15 cm为宜,左脚在前,右脚在后,人斜对墙面,砌筑时随着砌筑前进方向,退着走,每退一步可砌3~4块顺砖长。砌筑时,先转身用双手拿灰勺取砂浆,把砂浆均匀地倒在墙上,每次砂浆摊铺长度不宜超过1 m。取好砂浆后的灰勺,放在下次取用砂浆的灰斗中。再转过身来,左手拿摊尺,平搁在砖墙的边棱上,右手拿瓦刀刮平砂浆,如图4—39所示。在砌砖时,右手握瓦刀,左手拿砖,用砂浆披好竖缝,随即砌上,看齐、放平、摆正。砌完一段后,将瓦刀放在最后一块砌好的砖上,转身再取砂浆,如此继复在砌砖时,不允许在摊平后的砂浆中刮取竖缝浆,以免影响水平灰缝的砂浆饱满度。

图4—39 摊尺铺灰法

在砌筑时应注意,砖块头缝的砂浆另外用瓦刀抹上去,不允许在铺平的砂浆上刮取,以免影响水平灰缝的饱满程度。摊尺铺灰砌筑时,当砌一砖墙时,可一人自行铺灰砌筑;墙较厚时可组成两人小组,一人铺灰,一人砌墙,分工协作密切配合,这样会提高工效。

摊尺铺灰法的优点是:由于用摊尺控制了水平灰缝的厚度,因此灰缝整齐,缩进一致;墙面整洁,砂浆损耗较少。摊尺铺灰法的缺点是:用瓦刀摊铺砂浆时,由于摊尺仅厚1 cm,

砂浆层较薄,砖只能摆上,不能挤浆,因此水平灰缝不易饱满,黏结力不强,竖缝不满,会影响砌筑质量。为此,可把摊尺加厚至超过水平灰缝平均厚度3 mm以上,以便将摆砖改为挤砌。另外,用瓦刀摊铺砂浆也较费时,每一块砖都要用砂浆另披竖缝,会影响砌筑效率。

摊尺铺灰法适合于砌门窗洞口较多的墙体或独立柱等。

3. "二三八一"砌砖法

"二三八一"砌砖法是近几年在"三一"砌砖法的基础上,将各种最佳动作加以汇总、简化、提炼,重新组合成符合人体生理活动规律的砌砖动作,即两种步法、三种身法、八种铺灰手法、一种挤揉动作。这种砌砖法促使砌砖动作实现科学化、标准化,从而达到了降低劳动强度,提高砌筑质量和效率的目的。"二三八一"砌砖法曾经是建设部提倡推广的砌砖方法。

灰槽的安放应由墙角开始,第一个灰槽离墙角0.8 m,其余灰槽按1.5 m间距安放,槽之间放置双列排砖,要求排列整齐。门、窗口处可不放料,灰槽位置相应退出门、窗框0.8 m。材料与墙之间留出约0.5 m的走道,砖和灰槽平面布置如图4—40所示。

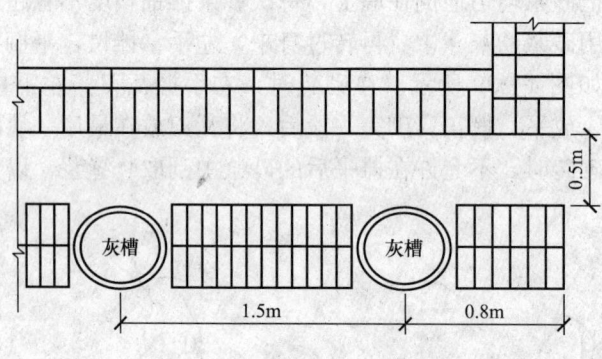

图4—40 砖和灰槽平面布置

(1) 步法。砌砖采取后退砌法。开始砌筑时,人斜站成丁字步,后腿靠近灰槽,稍一弯腰就可完成铲灰动作。按丁字步迈出一步,可砌1 m长的墙。砌至近身,前腿后退半步,成并列步正面对墙,又可砌50 cm长的墙。砌完后将后腿移至另一灰槽边,复而又成丁字步,重新完成如上动作。砌筑步法同"三一"砌砖法。

(2) 身法。身法主要指砌砖弯腰动作,分为侧身弯腰、丁字步正弯腰、并列步正弯腰三种动作。铲灰拿砖时用侧身弯腰,后腿稍弯,斜肩、垂臂,稍一侧身即可完成铲灰拿砖动作。侧身弯腰使身体形成一个趋势,即利用后腿伸直将身体重心移向前腿,成丁字步正弯腰进行铺灰砌砖,砌至近身前腿后撤,使铲灰、拿砖、侧身弯腰、转身成并列步、正弯腰进行铺灰砌砖,身体重心还原。

(3) 铺灰手法。砌顺砖时,采用"甩、扣、泼、溜"四种手法;砌丁砖时,采用"扣、溜、泼、一带二"四种手法。

砌顺砖时手法:"甩"是用大铲铲取均匀条状砂浆,提升到砌筑部位,将铲转 90°(手心向上),顺砖面中心甩出,使砂浆拉长均匀落下,如图 4—41 所示;"扣"是用大铲铲取条状砂浆,反扣出砂浆,铲面运动路线与"甩"正好相反,手心向下,如图 4—42 所示;"泼"是用大铲铲取扁平状砂浆,提升到砌筑面上,将铲面翻转,手柄在前,平行向前推进,泼出砂浆,如图 4—43 所示;"溜"是用大铲铲取扁平状砂浆,将铲送到墙角部位,铲边比齐墙边,抽铲落浆,如图 4—44 所示。

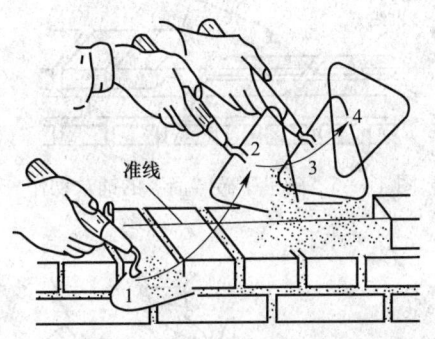

图 4—41 砌顺砖"甩"的铺灰动作

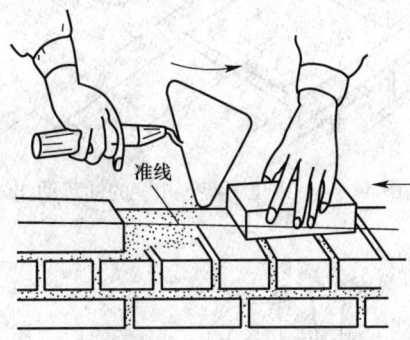

图 4—42 砌顺砖"扣"的铺灰动作

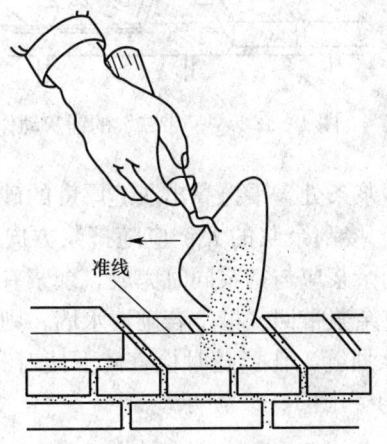

图 4—43 砌顺砖"泼"的铺灰动作

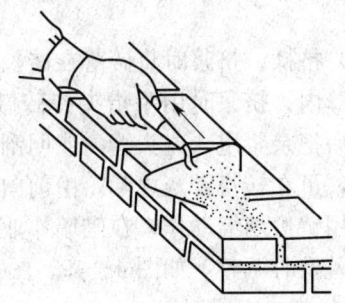

图 4—44 砌角砖"溜"的铺灰动作

砌丁砖时手法:"扣"是用大铲铲取砂浆时前部略低,扣在砖面上的砂浆外口稍厚一些,如图 4—45 所示;"溜"是用大铲铲取扁平状砂浆,铺灰时将手臂伸过准线,铲边比齐墙边,抽铲落浆,如图 4—46 所示;"泼"是用大铲铲取扁平状砂浆,泼灰时落灰点向里移动 20 mm,挤浆后成深 10 mm 左右的缩口缝,如图 4—47 所示;"一带二"是用大铲铲取砂浆,大铲即将向下落灰前,右手持砖伸到落灰的位置,当砂浆向下落时,砖顺面的一端也落上少许砂浆,这样砖放到的位置便有了碰头灰,如图 4—48 所示。砂浆落下后,应用大铲摊一下。

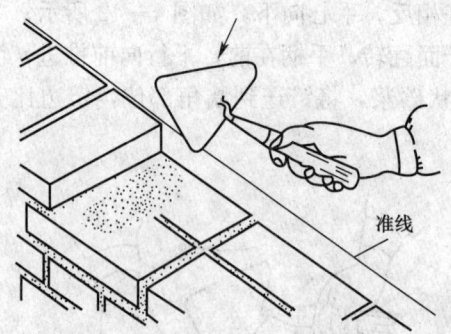

图 4—45 砌里丁砖"扣"的铺灰动作

图 4—46 砌里丁砖"溜"的铺灰动作

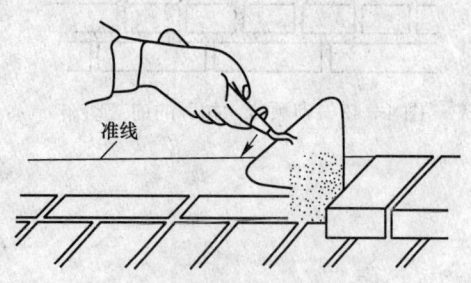

图 4—47 砌外丁砖"泼"的铺灰动作

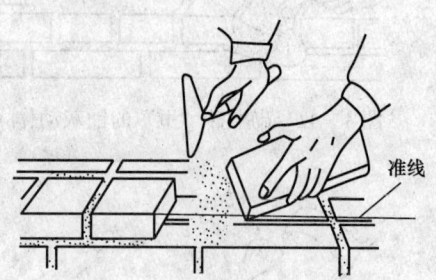

图 4—48 "一带二"的铺灰动作

（4）挤揉。挤浆时将砖落在砖长（宽）约 2/3 砂浆条处,平摊高出灰缝厚度的砂浆,推挤入竖缝内。挤浆时用手指夹持砖微颤,压薄砂浆。接刮余浆的大铲应随挤浆方向由后向前,随后把余浆甩入碰头缝内或回刮带回灰槽。接刮余浆应与挤浆同时完成。余浆有时一次刮不净,可在转身铲灰之际,由前向后回刮一次,将余浆带回灰槽。若砌清水墙,则回刮动作改为用铲边划缝动作,在砌墙作业的同时完成部分划缝工作。随时检查砖下棱对齐情况,如有偏差及时调整,如图 4—49、图 4—50、图 4—51 和图 4—52 所示。

4. 铺浆挤砌法

铺浆法是采用铺灰工具,先在墙面上铺砂浆,然后将砖浆压紧砂浆层,并推挤黏结的一种砌砖方法。

当采用铺浆法砌筑时,铺浆长度不得超过 750 mm,施工期间气温超过 30℃、时,铺浆长度不得超过 500 mm。铺浆挤砌法分为单手和双手两种挤浆方法,如图 4—53 所示。

（1）单手挤砌法。一般采用铺灰器铺灰,操作者应沿砌筑方向退着走。砌顺砖时,左手拿砖距前面的砖块约 5~6 cm 处将砖放下,砖稍稍蹭灰面,沿水平方向向前推挤,把砖前灰

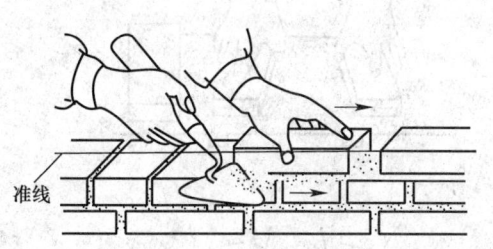
图 4—49　挤浆、砌顺砖、向前刮余浆

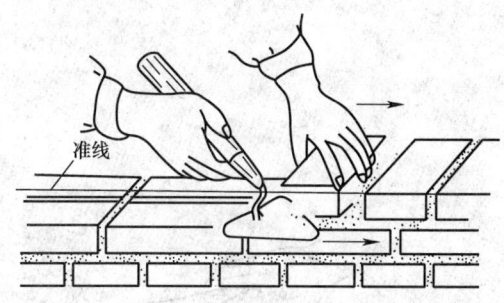
图 4—50　挤浆、砌丁砖、向前刮余浆

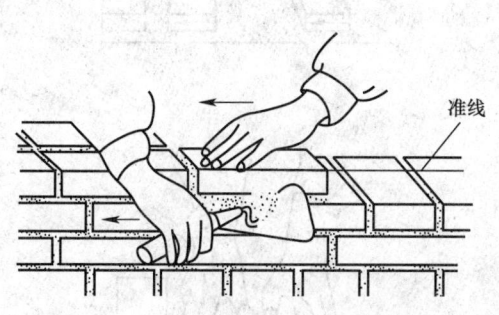
图 4—51　砌外顺砖、向前刮余浆

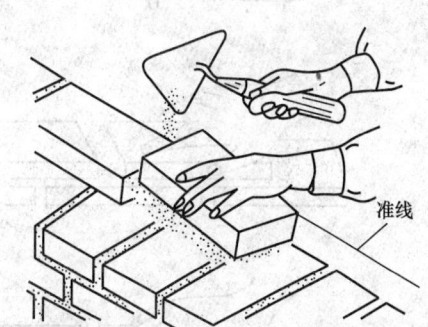
图 4—52　将余浆甩入碰头缝内

浆推起作为立缝处砂浆（俗称挤头缝），如图 4—53a 所示，并用瓦刀将水平灰缝挤出墙面的灰浆刮清，甩填于立缝内。

砌丁砖时，将砖擦灰面放下后，用手掌横向往前挤，挤浆的砖口略倾斜，到将接近一指缝时，砖块略向上翘，以便带起灰浆挤入立缝内。将砖压到与准线平齐为止，并将内外挤出的灰浆刮净，甩填于立缝内。

砌墙的内侧顺砖时，应将砖由外向里靠，水平向前挤推。这样立缝处砂浆容易饱满，同时用瓦刀将反面墙水平缝挤出的砂浆刮起，甩填在挤砌的立缝内。挤浆砌筑时，手掌要用力，使砖与砂浆密切结合。

(2) 双手挤浆法。双手挤浆法的操作方法与单手挤浆法基本相同，但它的要求与难度要更高一些。砌墙时，无论向哪个方向砌，都要使靠墙的一只脚固定站稳，脚尖稍稍偏向墙边，另一只脚同时向后斜方向踏出约半步，使两脚很自然地成丁字形；人体略向一侧倾斜，这样转身拿砖、挤砌和看棱角都较灵活方便。拿砖时，靠墙的一只手先拿，另一只手跟着上去拿，也可双手同时取砖；两眼要迅速查看砖的边角，将棱角整齐的一边先砌在墙的外侧；取砖和选砖几乎同时进行，此操作必须熟练。无论是砌丁砖还是顺砖，靠墙的一只手先挤，另一只手迅速跟着挤砌，如图 4—53b 所示。其他操作方法与单手挤浆法相同。

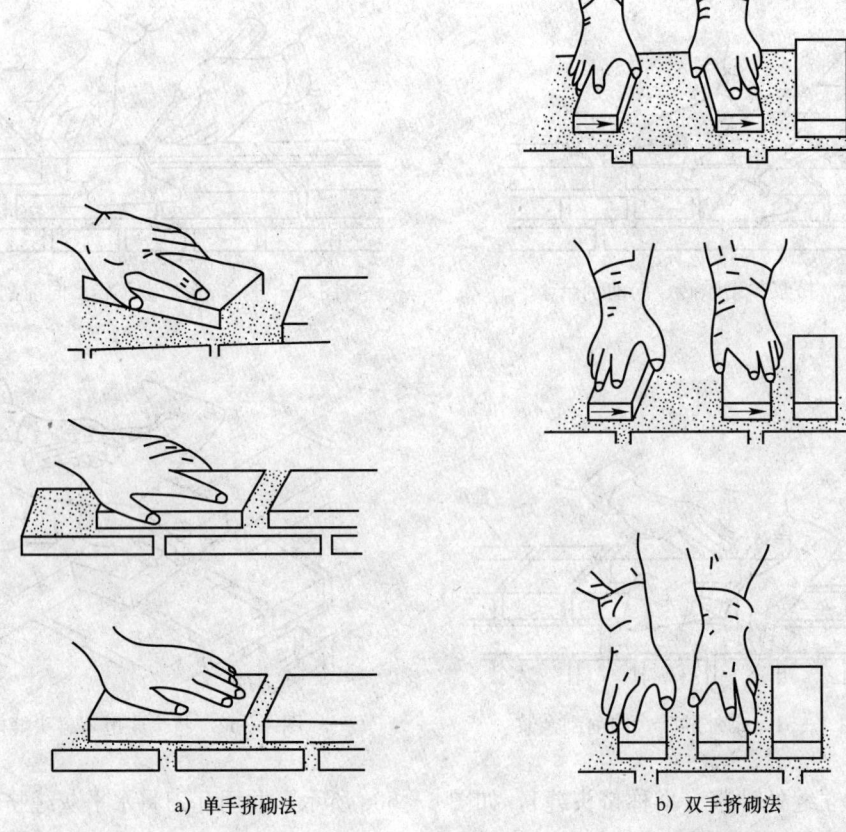

a) 单手挤砌法　　　　　　　　b) 双手挤砌法

图 4—53　铺浆挤砌法

铺浆挤砌法，可采用 2～3 人协作进行，劳动效率高，劳动强度较低，且灰缝饱满，砌筑质量较高，但快铺快砌应严格掌握平推平挤，保证砂浆饱满。该法适用于长度较大的混水墙及清水墙，对于窗间墙、砖垛、砖柱等短砌体不宜采用。

5．满刀灰刮浆法

满刀灰刮浆法又称为刮浆砌砖法，是指在砌砖时，先用瓦刀将砂浆打在砖黏结面上和砖的灰缝处，然后将砖用刀按在墙上的方法。

刮浆法有两种手法，一种是刮满刀灰，将砖底抹满砂浆；另一种是将砖底四边刮上砂浆，中间留空，这种方法因灰浆不易饱满，易降低砌体强度，故砌砖时一般应采用满刀灰刮浆法。

（1）瓦刀取灰。操作者右手拿瓦刀→向右（灰桶方向）侧身弯腰→将瓦刀插入灰桶内侧（靠近操作者的一边）→转腕使瓦刀口边接触灰桶内壁→顺着内壁用瓦刀刮起灰浆，这时，瓦刀已挂满灰浆，如图 4—54 所示。

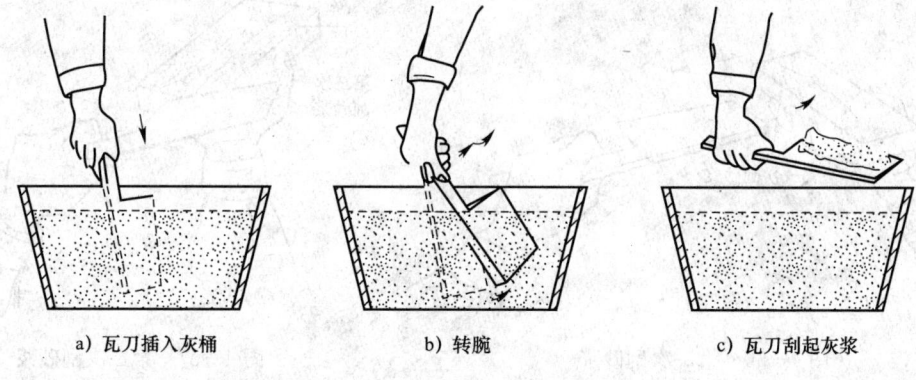

a) 瓦刀插入灰桶　　　b) 转腕　　　c) 瓦刀刮起灰浆

图 4—54　瓦刀取灰法

(2) 瓦刀挂灰。

1) 准备动作：操作者右手拿瓦刀取好灰浆，左手取砖、平托砖块（砖大面朝掌心，砖块略向操作者倾斜）。左手掌平托砖块时，大拇指勾住左条面，食指紧贴砖下大面，其他三指勾住右条面，如图 4—55 所示。

2) 第一次刮砂浆：正手将瓦刀后背斜靠砖大面右边棱后端（刀口略翘起）→手臂带动瓦刀沿着边棱向前右下均匀滑刮→部分砂浆挂在砖大面右侧，如图 4—56 所示。

3) 第二次刮砂浆：反手将瓦刀前口斜靠砖大面左边棱前端（刀背略翘起）→手臂带动瓦刀沿着边棱向后左下均匀滑刮→部分砂浆挂在砖大面左侧，如图 4—57 所示。

4) 第三次刮砂浆：正手将瓦刀前背斜靠砖大面前边棱左端（刀口略翘起）→手臂带动瓦刀沿着边棱向前右下均匀滑刮→部分砂浆挂在砖大面前侧，如图 4—58 所示。

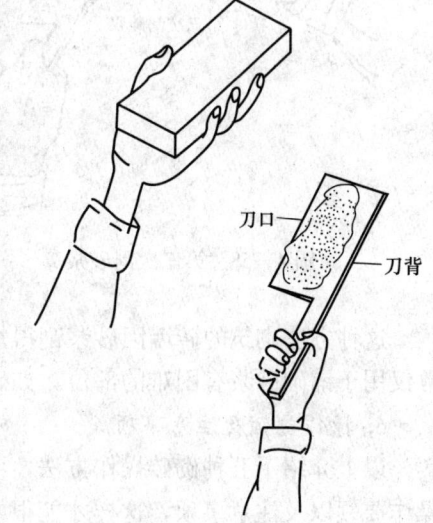

图 4—55　准备动作

5) 第四次刮砂浆：反手将瓦刀后口斜靠砖大面后边棱右端（刀背略翘起）→手臂带动瓦刀沿着边棱向后左下均匀滑刮→剩余砂浆挂在砖大面后侧，如图 4—59 所示。

砂浆要刮布均匀，中间不要留有空隙，四周可以稍厚一些，中间稍薄些。与墙上已砌好的砖接触的头缝即碰头灰也要刮上砂浆。当砖块刮好砂浆后，放在墙上，挤压至与准线平齐。如有挤出墙面的砂浆须用瓦刀刮下填于头缝内。

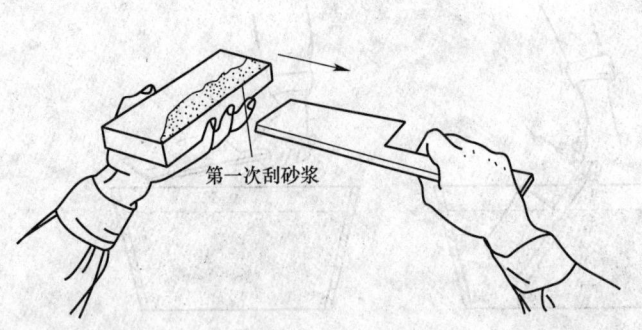
图 4—56 第一次刮砂浆

图 4—57 第二次刮砂浆

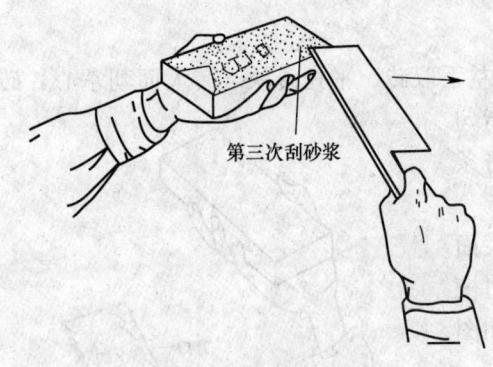
图 4—58 第三次刮砂浆

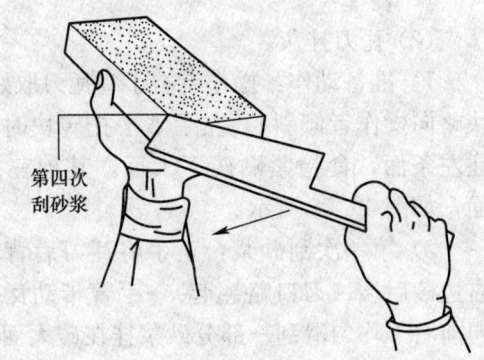
图 4—59 第四次刮砂浆

这种方法砌筑的砖墙因砂浆刮得均匀，灰缝饱满，所以砖墙质量较好，但工效较低，通常仅用于铺砌砂浆有困难的部位，如砌平拱、弧拱、窗台虎头砖、花墙、炉灶、空斗墙等。

6. 操作要领及注意事项

以上介绍了五种砌砖操作方法，可供适当选用。此外，还应熟练掌握基本的操作技能和操作要领以及注意事项，这样才能很好地完成砌筑工程的施工任务。

操作要领概括为："注意选砖，横平竖直，灰缝均匀，砂浆饱满，上下错缝，咬槎严密；上跟线，下跟棱，不游丁，不走缝"。

（1）润砖。润砖是砌筑工程的重要一环。常温下，砖应在砌筑前 1～2 天浇水浸湿，以浸入深度 15 mm 为宜，不应太干，也不可过湿。干砖难以操作，湿砖则易造成砂浆流淌。

（2）选砖。同批砖有优劣，同一砖四面也不相同，物尽其用，砌筑不同部位，选配适宜的砖面是一项重要的基本功。选砖的要领是："执一备二眼观三"。具体操作是用手掌托起砖块，在掌上旋转或翻转，观察和选定完好的砖面用于所砌墙体部位。在取砖的同时，对第二、三块砖也应预选。清水墙选砖尤为重要，应选取规格一致、颜色相同、光滑方整的砖面放在外面，方可保证墙面整齐美观。

(3) 放砖。砖块在墙面上必须平整均匀，严禁倾斜，当里手高时墙面胀，当里手低时墙面背。因此，砌筑时应均匀水平地放置砖块，避免形成鱼鳞墙而影响美观。

(4) 跟线穿墙。砌砖一定要跟线，要遵循"上跟线，下跟棱，左右相跟要对平"的口诀，即砖的上棱边应距线 1 mm 左右，下棱边要与已砌的砖棱齐平，左右前后位置要准确。

穿墙是指从上面第一块砖往下穿看到底，每皮砖都要在同一平面上，如有出入，及时修理纠正。

(5) 认真自检。一般每砌三层砖要用线锥吊大角，五皮砖用靠尺检查墙面垂直平整度，即所谓的"三层一吊、五层一靠"。

当砌到一步架时，要用托线板全面检查墙体垂直及平整度，墙体大角应绝对垂直平整，若有偏差，及时纠正，严禁砸撬墙体。

(6) 及时划缝。砌清水墙应随砌随划缝，划缝深度为 8~10 mm，划缝应深浅一致，划缝完后用笤帚清扫干净，混水墙应随砌随刮净舌头灰。

(7) 保持清洁，文明操作。铺灰挤浆时应保持墙面清洁，切勿掉、扔砖头，随时收起落地灰，做到活完脚底清。

模块二　砖石基础的砌筑

一、砖石基础砌筑工艺

准备工作→拌制砂浆→确定组砌方法→排砖撂底→收退（放脚）→正墙→检查→抹防潮层（找平层）结束基础→勾缝。

1. 准备工作

(1) 施工准备。砖石基础砌筑是在土方开挖结束后，垫层施工完毕，已经放好线、立好皮数杆的前提下进行的。砖石基础施工前，一方面应熟悉施工图，听取施工技术人员的技术交底，另一方面应对上道工序进行验收，如检查土方开挖尺寸和坡度是否正确，基底墨斗线是否齐全，基础皮数杆的立设是否恰当，垫层或基底标高是否与基础皮数杆相符。

(2) 材料准备。

1) 水泥。要弄清水泥是袋装还是散装，它们的出厂日期、标号是否符合要求。如果是袋装水泥，要抽查过磅，以检查袋装水泥的计量正确程度。

2) 砖石。检查砖石的规格、强度等级、品种等是否符合设计要求，并提前做好浇水润砖工作。

3) 砂子。砂子一般用中砂，要求先经过 5 mm 筛孔过筛。如果采用细砂，应请施工技术人员调整配合比，砂粒必须有足够的强度，并限制砂子粉末量及含泥量。

4) 其他材料。其他材料如拉结筋、预埋件、防水粉（或防水剂）等均应一一检查其数量、规格是否符合要求。

(3) 作业条件准备。

1) 检查基槽土方开挖是否符合要求,灰土或混凝土垫层是否验收合格,土壁是否安全,上下有无踏步或梯子。

2) 对基槽有积水的要予以排除,并注意集水井、排水沟是否通畅,水泵工作是否正常。

3) 检查基础皮数杆最下一层砖是否为整砖,如不是整砖,要弄清各皮数杆的情况,确定是"提灰"还是"压灰"。如果差距较大,超过 20 mm 以上,应用细石混凝土找平。

4) 检查砂浆搅拌机是否正常,后台计量器材是否齐全、准确。对运送材料的车辆进行过磅计量,以便装料后确定总配合比计量。

2. 拌制砂浆

砖石基础砌筑砂浆只能采用水泥砂浆,不宜使用混合砂浆。

(1) 砂浆的配合比。砂浆的配合比是以质量比的形式来表达的,是经过试验确定的。配合比确定后,操作者应严格按要求计量配料,水泥的称量精确度控制在±2%以内,砂子称量精确度控制在±5%以内,外加剂要按说明或技术交底严格计量加料,不能多加或少加。

(2) 砂浆的使用。砂浆应随拌随用,水泥砂浆必须在拌制后 3～4 h 内使用完毕。

3. 砖基础大放脚组砌方法

(1) 砖基础的一般构造。基础砌体都砌成台阶形式,叫做大放脚;大放脚有等高式和间隔式两种,每两皮砖每边收进 60 mm 的叫做等高式大放脚;第一个台阶两皮砖收一次,每边收进 60 mm,第二台阶一皮砖收一次,每边收进 60 mm,如此循环变化的叫做间隔式大放脚。其形式如图 4—60 所示。

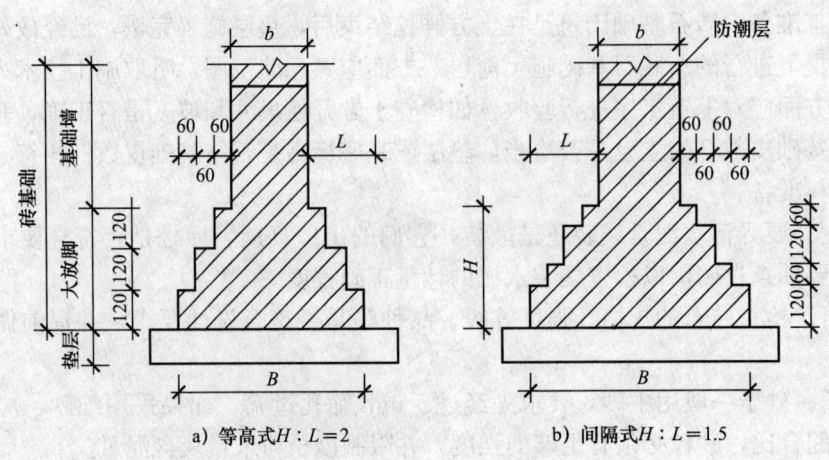

a) 等高式 $H:L=2$ b) 间隔式 $H:L=1.5$

图 4—60 砖基础的形式

(2) 大放脚的组砌。当设计无规定时，大放脚及基础墙一般采用一顺一丁的组砌方式，由于它有收台阶的操作过程，组砌时比墙身复杂一些。由图 4—60 可知，大放脚基底宽度可以按下式计算：

$$B=b+2L$$

式中　B——大放脚宽度；
　　　b——墙身宽度；
　　　L——放出墙身的宽度。

实际应用时，还要考虑灰缝的宽度，大放脚基底宽度计算好后，即可进行排砖摆底。

1) 一砖墙身六皮三收等高式大放脚。这种大放脚共有三个台阶，每个台阶的宽度为 1/4 砖长，即 60 mm，按上式计算，得到大放脚基底宽度为 $B=600$ mm，考虑竖缝后实际应为 615 mm，即两砖半宽，其组砌方式如图 4—61 所示。

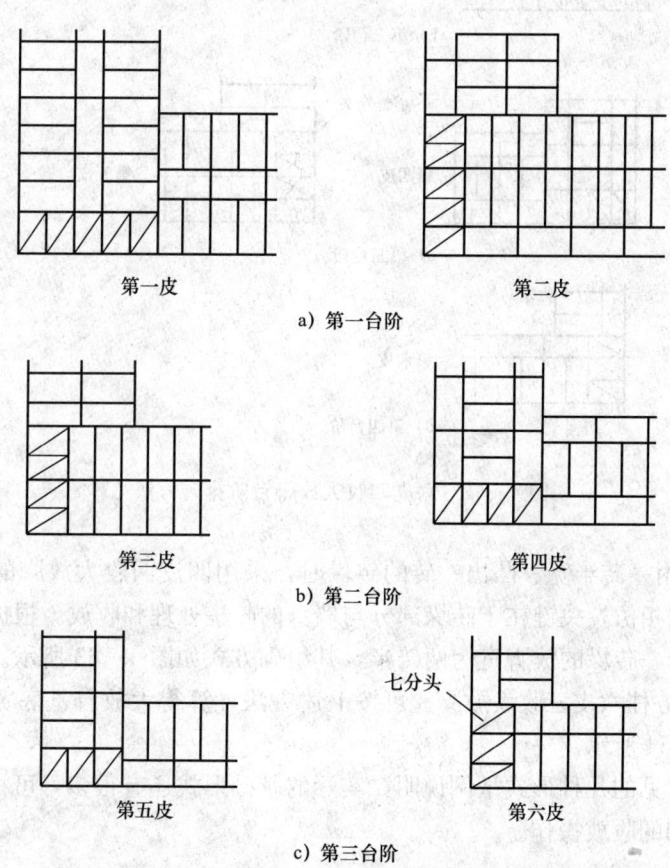

图 4—61　六皮三收等高式大放脚台阶排砖方法

2) 一砖墙身六皮四收大放脚。按上式计算,求得大放脚基底理论宽度为 720 mm,考虑竖缝后实际为 740 mm,其组砌方式如图 4—62 所示。

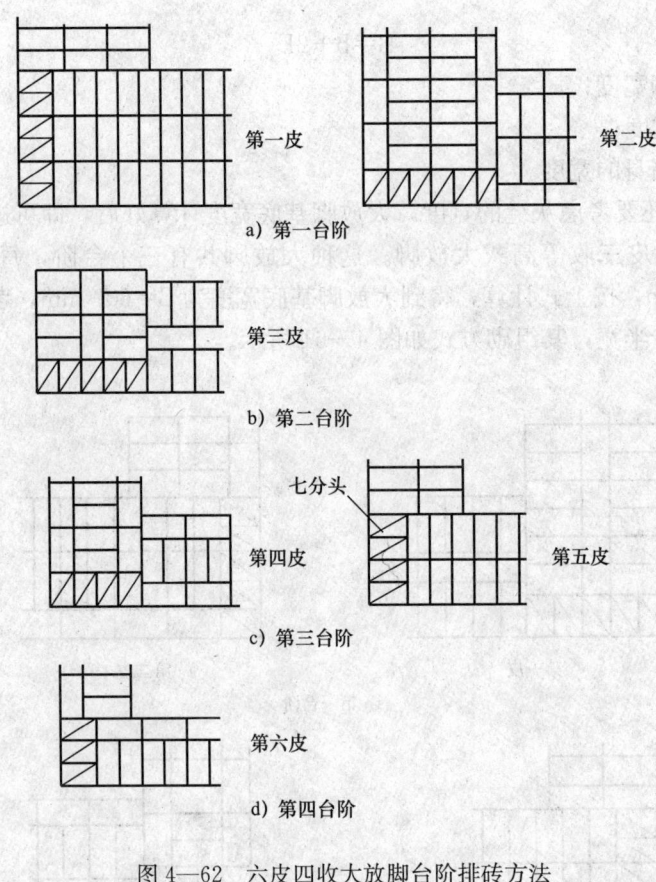

图 4—62　六皮四收大放脚台阶排砖方法

3) 一砖墙身附一砖半宽、凸出一砖的砖垛时,采用四皮两收大放脚的做法。墙身的排底方法与上面两例相仿,关键在于砖垛部分与墙身的咬槎处理和收放。根据上述方法计算出墙身放脚宽为两砖,砖垛的放脚宽为两砖半,其组砌方式如图 4—63 所示。

4) 一砖独立方柱六皮三收大放脚。可按上述方法计算得大放脚基底宽度为两砖半,其组砌方式如图 4—64 所示。

以上只是就常见的几种形式举例说明,实际的基础形式还有很多,可根据所举实例举一反三,学会大放脚的收放操作。

4. 排砖摆底

排砖就是按照基底尺寸线和已定的组砖方式,不用砂浆,把砖在一段长度内干摆一层,排时考虑竖缝的宽度,要求山墙摆成丁砖,檐墙摆成顺砖,即所谓"山丁檐跑"。

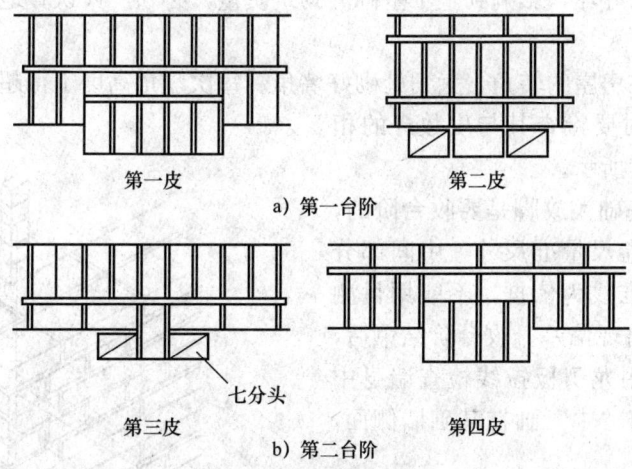

图 4—63 一砖墙身附一砖半砖垛四皮两收大放脚

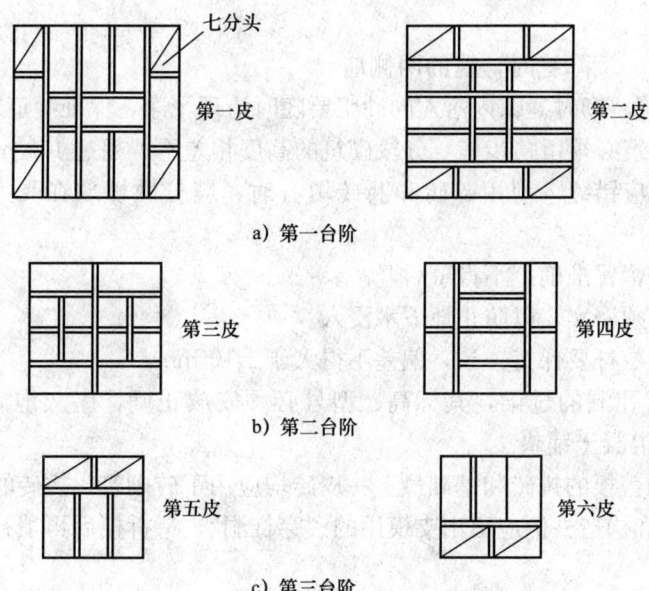

图 4—64 一砖方柱六皮三收大放脚

排砖结束后,用砂浆把干摆的砖砌起来,就称为摞底。对摞底的要求,一是不能改变已排好砖的平面位置,要一铲灰一块砖地砌筑;二是必须严格与皮数杆标准砌平。偏差过大的应在准备阶段处理完毕,但 10 mm 左右的偏差要靠调整砂浆灰缝厚度来解决。所以,必须先在大角按皮数杆砌好,拉好、拉紧准线,才能使摞底工作全面铺开。

排砖撂底施工的好坏,影响到整个基础的砌筑质量,必须严肃认真地做好。

5. 砌筑

(1) 盘角。即在房屋的转角、大角处砌好墙角。每次盘角高度不得超过五皮砖,并用线锤检查垂直度,同时要检查其与皮数杆的相符情况,如图4—65所示。

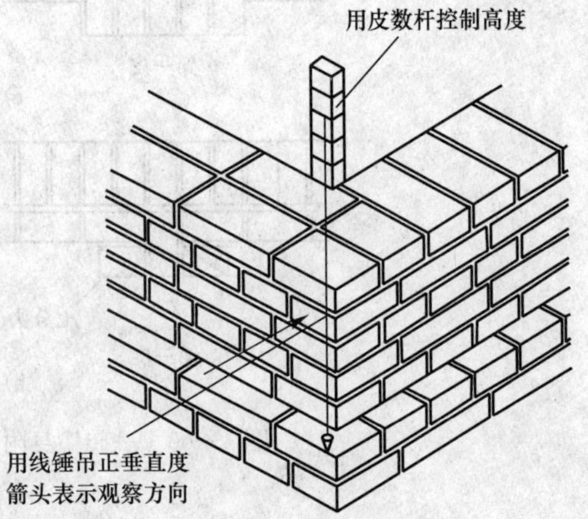

(2) 收台阶。基础大放脚是要收台阶的,每次收台阶必须用卷尺量准尺寸,中间部分的砌筑应以大角处准线为依据,不能用目测或砖块比量,以免出现偏差。收台阶结束后,砌基础墙前,要利用龙门板拉线检查墙身中心线,并用红铅笔将"中"画在基础墙侧面,以便随时检查复核。

(3) 砌筑要求。

1) 基础如深浅不一,有错台或踏步等情况时,应从深处砌起。

2) 如有抗震缝、沉降缝时,缝的两侧应按弹线要求分开砌筑。砌时缝隙内落入的砂浆要随时清理干净,保证缝道通畅。

图4—65 盘角示意

3) 基础分段砌筑必须留踏步槎,分段砌筑的高度相差不得超过1.2 m。

4) 基础大放脚应错缝,利用碎砖和断砖填心时,应分散填放在受力较小、不重要的部位。

5) 预留孔洞应留置准确,不得事后开凿。

6) 基础灰缝必须密实,以防止地下水浸入。

7) 各层砖与皮数杆要保持一致,偏差不得大于±10 mm。

8) 管沟和预留孔洞的过梁,其标高、型号必须安放正确,座灰饱满,座灰厚度超过20 mm时应用细石混凝土铺垫。

9) 搁置暖气沟盖板的挑砖和基础最上一皮砖均应用丁砖砌筑,挑砖的标高应一致。

10) 地圈梁底和构造柱侧应留出支模用的"穿杠洞",待拆模后再填补密实。

6. 防潮层

基础防潮层应在基础墙全部砌到设计标高后才能施工,最好能在室内回填土完成以后进行。

如果基础墙顶部有钢筋混凝土地圈梁,则可代替防潮层,如果没有地圈梁,则必须做防潮层。防潮层应作为一道工序单独完成,不允许在砌墙砂浆中添加一些防水剂进行砌筑来代替防潮层。防潮层所用砂浆一般采用1∶2水泥砂浆加入水泥质量3%~5%的防水剂搅拌而成。如使用防水粉,应先把粉剂加水搅拌成均匀的稠浆后再添加到砂浆中去。

抹防潮层时，应先在基础墙顶的侧面抄出水平标高线，然后用直尺夹在基础墙两侧，尺面按水平线找准，然后摊铺砂浆，待初凝后再用木抹子收压一遍，做到平、实，表面为毛面。

7. 毛石基础大放脚摆底（操作要点）

(1) 检查放线。毛石基础大放脚摆底与砖基础大放脚一样，施工前应及时做好基槽的检查、修正偏差和基槽边坡的修整工作。

毛石基础大放脚应放出基础轴线和边线，立好基础皮数杆，皮数杆上标明退台及分层砌石的高度，皮数杆之间要拉上准线。阶梯形基础还应定出立线和卧线，立线控制基础大放脚每阶的宽度，卧线控制每层高度及平整度，并逐层向上移动，如图 4—66 所示。

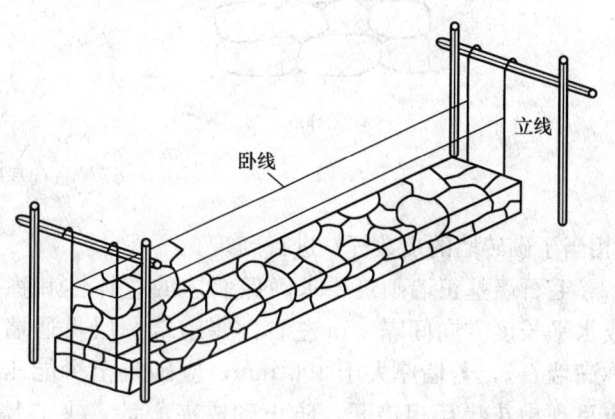

图 4—66 立线与卧线

(2) 基础或垫层标高修正。毛石基础大放脚垫层标高修正同砖基础。如在地基上直接砌毛石，则应清修基底标高使之符合要求。

(3) 摆底。对毛石基础大放脚，应根据放出的边线进行摆底工作，与砖基础大放脚相似，对于毛石基础大放脚的摆底，关键是要处理好大放脚的转角，做好檐墙和山墙丁字相交接槎部位的处理。大角处应选择比较方正的石块砌筑，俗称放角石。角石应三个面比较平整、外形比较方正，并且高度适合大放脚收退的断面高度。角石立好后，以此石厚为基准把水平线挂在石厚高度处，再依线摆砌外皮毛石和内侧皮毛石，这两种毛石要有所选择，至少有两个面较平整，使底面窝砌平稳，外侧面平齐。外皮毛石摆砌好后，再填中间的毛石（俗称腹石）。

(4) 收退。毛石基础收退，应掌握错缝搭砌的原则。第一个台阶砌好后应适当找平，再把立线收到第二个台阶，每阶高度一般为 300～400 mm，并至少二皮毛石。第二阶毛石收退砌筑时，要拿石块错缝试摆，上级阶梯的石块应至少压砌下级阶梯的 1/2，相邻阶梯的毛石应相互错缝搭砌，阶梯形毛石基础每阶收退宽度不应大于 200 mm，如图 4—67 所示。

每砌完一级台阶（或一层），其表面必须大致平整，不可有尖角、驼角、放置不稳等现象。如有高出标高的石尖，可用手锤修正。毛石底座浆应饱满，一般砂浆先虚铺 4～5 cm 厚，然后把石块砌上去，利用石块的重量把砂浆挤摊开铺满石块底面。

(5) 正墙。毛石基础大放脚收退到正墙身处，同样应做好定位和抄平工作，并引中心至大脚顶面和墙角侧边再分出边线。基础正墙主要依据基础上的墨线和在墙角处竖立的标高杆

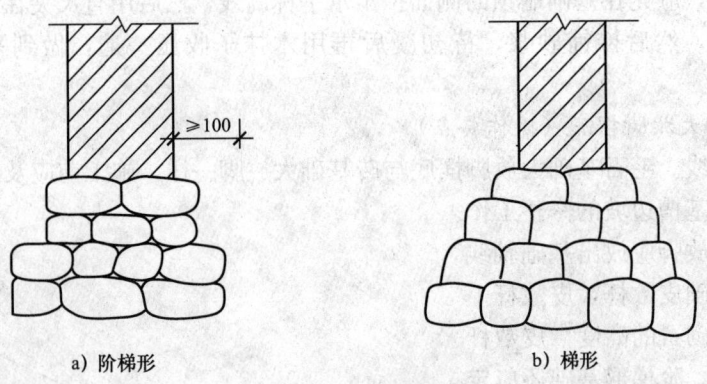

a) 阶梯形　　　　　　　　b) 梯形

图 4—67　毛石基础

（相当于砌砖墙的皮数杆）进行砌筑。

毛石墙基正墙砌筑要求确保墙体的整体性和稳定性，不应有干垫和双垫，在每一层或水平长度方向间隔 1 m 左右，要砌筑一层贯通墙厚，并能压住内外毛石的拉结石（亦称满墙石），若墙厚大于 400 mm，应砌筑至少能压满墙厚 2/3 的拉结石。上下层拉结石应呈现梅花状互相错开，防止砌成夹心墙。夹心墙会严重影响墙体的牢固性和稳定性，对墙体质量很不利，如图 4—68 所示。砌筑正墙还应注意，应先预留出墙中洞口，不得砌完后凿洞。沉降缝处应分两段砌，不应搭接。毛石基础正墙身一般砌到室外自然地坪下 100 mm。

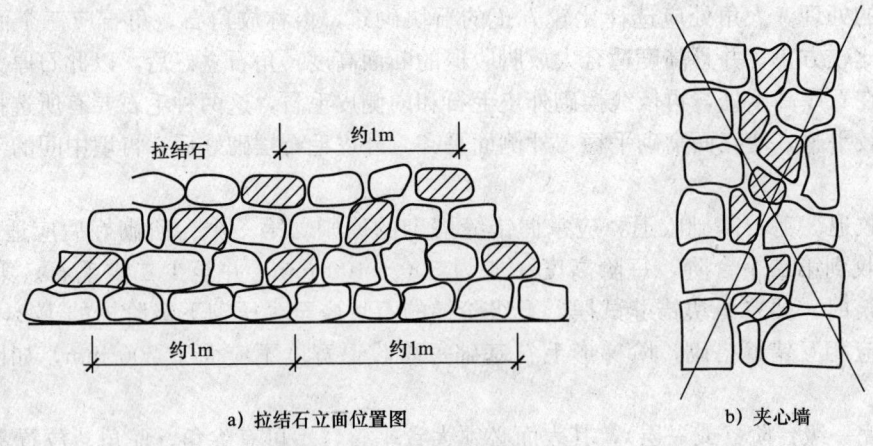

a) 拉结石立面位置图　　　　　　　　b) 夹心墙

图 4—68　正墙砌筑拉结石形式

（6）抹找平层和结束毛石基础。毛石基础正墙身的最上一皮的摆放，应选用较为直长且上表面平整的毛石作为顶砌块。顶面找平一般抹 50 mm 的 C20 细石混凝土，其表面要加防水剂抹光。基础墙身石缝应用小抿子嵌填密实。找平结束即完成毛石基础全部工作，正墙表面应加强养护。

二、质量标准和安全要求

1. 砖基础质量标准

（1）保证项目。

1）砖的品种、强度等级必须符合设计要求，并应规格一致。

2）砂浆的品种必须符合设计要求，强度必须符合下列规定：

①同一验收批砂浆试块的平均抗压强度必须大于或等于设计强度。

②同一验收批砂浆试块的抗压强度最小的一组平均值必须大于或等于设计强度的 0.75 倍。

③砌体砂浆必须密实饱满，实心砌体水平灰缝的砂浆饱满度不小于 80%。

④外墙的转角处严禁留直槎，其他的临时间断处，留槎的做法必须符合施工验收规范的规定。

（2）基本项目。

1）砌体上下错缝，每间 3~5 m 的通缝不超过 3 处；混水墙中长度大于等于 300 mm 的通缝每间不超过 3 处，且不得在同一墙面上。

2）砌体接槎处灰浆密实，缝、砖平直。水平灰缝厚度应为 10 mm，不能小于 8 mm，也不应大于 12 mm。

3）预埋拉结筋的数量、长度均应符合设计要求和施工验收规范规定。

4）构造柱位置留置应正确，大马牙槎要先退后进，残留砂浆要清理干净。

（3）允许偏差项目。

1）轴线位置偏移。用经纬仪或拉线检查，其偏差不得超过 10 mm。

2）基础顶面标高。用水准仪和尺量检查，其偏差不得超过 ±15 mm。

3）预留构造柱的截面。允许偏差不得超过 ±15 mm，用尺量检验。

4）表面平整度和水平灰缝平直度均应符合要求。

2. 毛石基础质量标准

（1）保证项目。

1）石料的质量、规格必须符合设计要求和施工验收规范规定。

2）砂浆品种必须符合设计要求，强度要求同对基础的规定。

3）转角处必须同时砌筑，交接处不能同时砌筑时必须留斜槎，留槎高度以每次 1 m 为宜，一次到顶的留槎是不允许的。

（2）基本项目。

1）毛石砌体组砌形式应符合以下规定：内外搭砌，上下错缝、拉结石、丁砌石交错设置，分布均匀；毛石分皮卧砌，无填心砌法，拉结石每 0.7 m² 墙面不少于 1 块。

2）墙面勾缝应符合以下规定：勾缝密实，黏结牢固，墙面清洁，缝条光洁，整齐清晰美观。

(3) 允许偏差项目（用经纬仪、水准仪、拉线或尺量检查）。

1) 轴线位置偏移不超过 20 mm。

2) 基础和墙砌体顶面标高偏差不超过±25 mm。

3) 砌体厚度偏差不超过 30 mm 或－10 mm。

3. 安全注意事项

除了应遵守建筑工地常规安全要求外，还必须做到以下几点：

(1) 基槽、基坑应视土质和开挖深度留设边坡，如因场地小不能留设足够的边坡，则应支撑加固。基础摆底前还必须检查基槽或基坑，如有塌方危险或支撑不牢固，要采取可靠措施后再进行工作。工作过程中要随时观察周围土壤情况，发现裂缝和其他不正常情况时，应立即离开危险地点，采取必要措施后才能继续工作。基槽外侧 1 m 以内严禁堆物。人进入基槽工作应有上下设施（踏步或梯子）。

(2) 搬运石料时，必须起落平稳，两人抬运应步调一致，不准随意乱堆。

(3) 向基槽内运送石料或砖块，应尽量采用滑槽，上下工作要相互联系，以免伤人或损坏墙基及土壁支撑。

(4) 当搭跳板（又称铺道）或搭设运输通道运送材料时，要随时观察基槽（坑）内的操作人员，以防砖块等掉落伤人。

(5) 在石堆上取石，不准从下掏挖，必须自上而下进行，以防倒塌。

(6) 当基槽内有积水，需要边砌筑边排水时，要注意安全用电，水泵应用专用刀开关和触电保护器，并指派专人监护。

(7) 雨雪天应注意做好防滑工作，特别是上下基槽的设施和基槽上的跳板要钉好防滑条。

模块三　砖墙的砌筑

一、砖墙砌筑工艺

准备工作→确定墙体组砌方式→排砖摆底→砌筑墙身→窗台砌筑→砖过梁砌筑→构造柱的砌筑→梁底和板底砖的处理→楼层墙体砌筑→清水墙勾缝。

1. 准备工作

(1) 施工准备。砖墙的构造比基础要复杂一些，如增加了门窗洞口，预留预埋工作也增多了，所以更要很好地熟悉图样。在熟悉图样的基础上，检查已砌基础并复核轴线和开间尺寸、门窗洞口的放线位置、皮数杆的绘制情况，全部弄清以后才可以操作。

同时还要检查皮数杆的竖立情况，弄清皮数杆上的±0.000 与测定点处的±0.000 是否吻合，各皮数杆的±0.000 标高是否在同一水平高度上。

要弄清墙体是清水墙还是混水墙，轴线是正中还是偏中，窗口是出平还是侧砖，门窗过梁是预制钢筋混凝土梁还是钢筋混凝土现浇梁，或者是钢筋砖过梁，有无后砌的隔断墙等。此外，还要弄清房屋有几层，楼梯与砖墙是什么关系，有无圈梁及阳台挑梁等等。

(2) 材料准备。

1) 砖。检查了解砖的品种、规格、强度等级、外观尺寸，如果是砌清水墙还要观察其色泽是否一致。经检查符合要求以后即可浇水润砖。砖要提前2天浇透，以水渗入砖四周内15mm以上为好，砖泅湿后应晾半天，待表面略干后使用最好。如果碰到雨季，应检查进场砖的含水量，必要时应对砖堆作防雨遮盖。

2) 砂子。检查它的细度和含泥量等。砂子符合要求后要过筛，筛孔直径以6～8mm为宜。雨期施工时，砂子应筛好并留出一定的储备量。

3) 水泥。了解水泥的品种、标号、储备量等，同时要知道是袋装还是散装。袋装水泥应抽检每袋水泥的质量是否为50kg，散装水泥应了解其计量方法。

4) 掺和料。了解是否使用粉煤灰等掺和料，并了解掺和料的技术性能。

5) 石灰膏。了解其稠度和性能。

6) 其他材料。了解木砖、拉结筋、预制过梁、预制壁龛、墙内加筋等是否进场。木砖是否涂好防腐剂，预制件规格尺寸和强度等级是否符合要求。如果是先立门窗框的，要了解门窗框的进场数量、规格等。

(3) 操作准备。

1) 了解搅拌设备、运输设备、脚手架和运输道路的安放架设情况，计量器具的情况等。

2) 检查防潮层是否完好，墨线是否清晰。

3) 检查防潮层的水平度，皮数杆的第一皮砖是否符合砖层要求，有没有需要"压灰"或"提灰"和用细石混凝土找平的情况。

2. 确定墙体组砌方式

(1) 确定组砌形式。砖墙的组砌形式很多，可以是一顺一丁、梅花丁、三顺一丁等。一般选用一顺一丁组砌形式，如果砖的规格不太理想，则可以选用梅花丁式。不采用五顺一丁砌法，砖柱不得采用先砌四周后填心的包心砌法。

(2) 确定接头方式。组砌形式确定以后，接头形式也随之而定，采用一顺一丁形式组砌的砖墙的接头形式，如图4—69及图4—70所示。

3. 排砖摆底（干摆砖）

(1) 在基础墙面防潮层上或楼板上弹出墙身线，划出门洞口尺寸线，砌清水墙时，还须划出窗洞口的位置，在摆砌中同时将窗间墙的竖缝分配好。

(2) 在砌墙之前，都要进行摆砖（摺底）。在整个房屋外墙的长度方向放上卧砖，排出灰缝宽度（约10mm），从一个大角摆到另一个大角。一般采用山墙放丁砖、檐墙放顺砖，

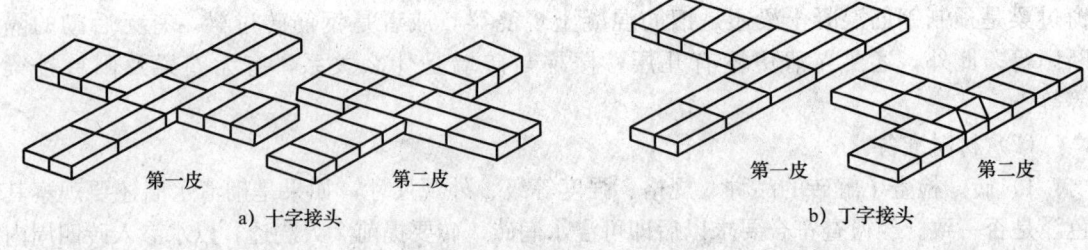

图 4—69 一砖墙的接头

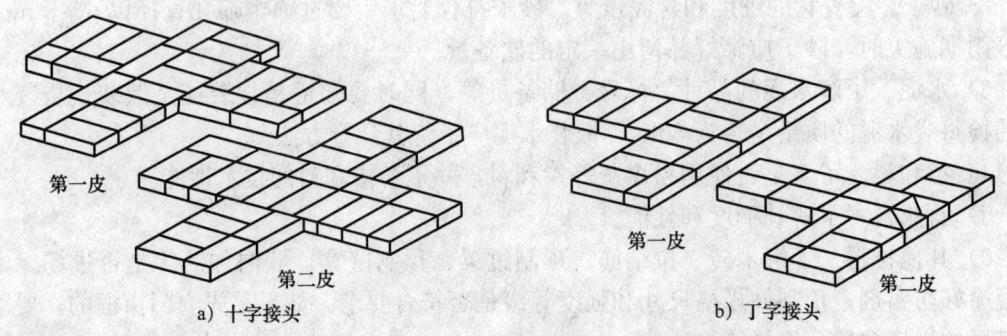

图 4—70 一砖半墙的接头

即俗称为"山丁檐跑"的方式。

在摆砖时注意门和窗洞口、窗间墙、附墙砖垛处的错缝砌法,确定是否能排成砖的模数,不打破砖。如果在门、窗口处差1~2 cm,允许将门窗移动1~2 cm。根据门、窗洞口宽度,必须打破砖时,在清水墙面上的破活最好赶在窗口上下不明显的地方,不应赶在墙垛部位。另外在摆砖时,还要考虑到门、窗口两侧的砖要对称,不得出现"阴阳膀",所以在摆砖时必须要事先计划好。

(3) 防潮层的上表面应该水平。为了校验墙体与皮数杆上的皮数是否吻合,也要通过摆底找正标高。如果水平灰缝太厚,一次找不到标高,可以分次分皮逐步找正标高,争取在窗台口甚至窗上口达到皮数杆规定标高,但四周的水平缝必须在同一水平线上。

4. 砌筑墙身

(1) 大角的砌筑。

1) 大角处1 m范围内,要挑选方正和规格较好的砖砌筑,砌清水墙时尤其要如此。大角处用的"七分头"一定要棱角方正、打制尺寸正确,一般先打好一批备用,将其中打制尺寸较差的用于次要部分。开始时先砌3~5皮砖,如图4—71所示,用方尺检查其方正度,用线坠检查其垂直度,如图4—72所示。

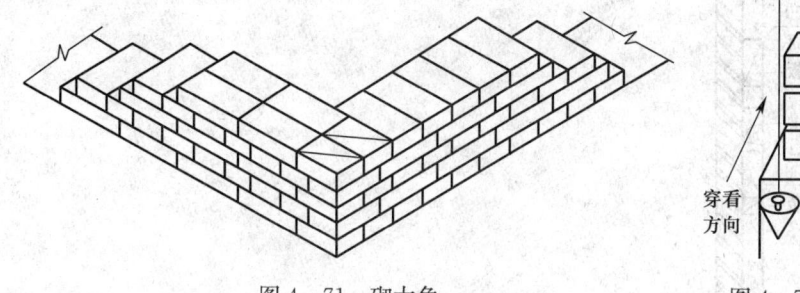
图 4—71 砌大角

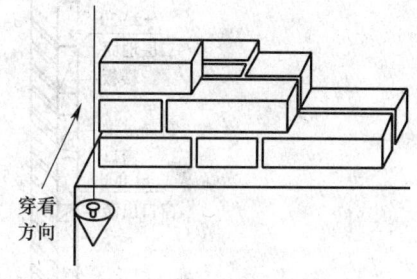
图 4—72 用线坠检查大角垂直度

2）五皮砖盘砌后，两端拉通线检查砖墙槎口处的砖是否有抬头或低头的现象，再核对砖的皮数，不能出现错层，如图 4—73 所示。

3）当大角砌到 1 m 左右高时，应使用托线板认真检查大角的垂直度，如图 4—74 所示。纵横墙应成直角，操作中要用眼"穿"看已砌好的角，根据三点共一线的原理来掌握垂直度，另外，还要不断用托线板检查垂直度。

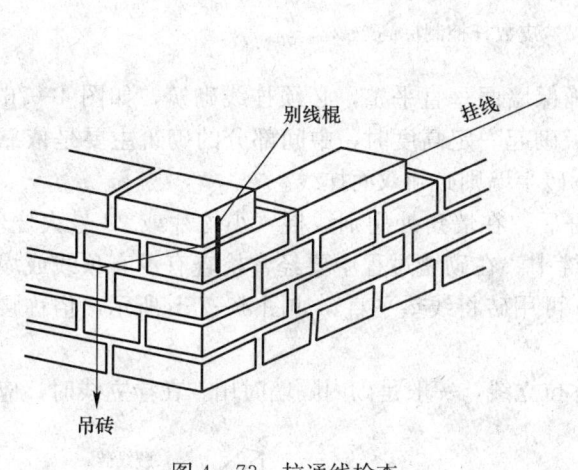
图 4—73 拉通线检查

图 4—74 使用托线板检查大角的垂直度

4）砌筑大角时必须对照皮数杆检查，特别要控制好砖层上口高度，与皮数杆相应皮数的高差不要太大（偏差值控制在 5~10 mm），如图 4—75 所示。

5）砌大角的人员应相对固定，避免因操作者手法的不同而造成大角垂直度不稳定的现象。砌墙砌到翻架子（由下一层脚手翻到上一层脚手砌筑）时，特别容易出现偏差，这时候要加强检查工作，随时纠正偏差。

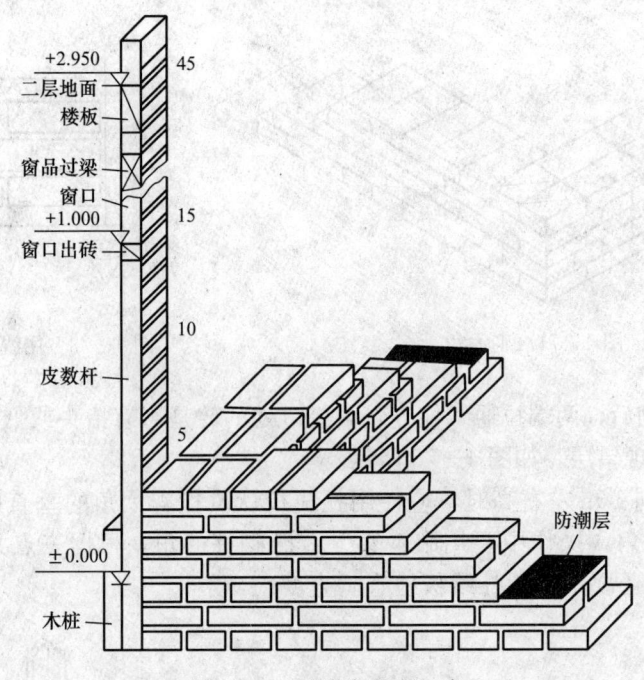

图 4—75 皮数杆控制标高

(2) 挂线。在砖墙的砌筑中,为了确保墙面垂直平整,必须挂线砌筑,如图 4—76 所示。当一道长墙两端墙角依靠线坠、尺板砌起一定高度时,中间部分的砌筑主要是依靠挂线,一般一砖厚墙采用单面外手挂线,一砖半墙则必须双面挂线。

挂线时,两端必须将线拉紧。线挂好后,在墙角处用别线棍(小竹片或 22 号火烧丝)别住,如图 4—76a 所示,防止线陷入灰缝中。在砌墙过程中要经常检查有没有顶线或塌腰的地方。为了避免挂线较长而中部下垂,可用砖将线垫平直,如图 4—76b 所示,俗称腰线砖。当线平直无误后才能砌筑。

还有一种挂线方法,不用线坠,俗称拉立线,一般是砌内隔墙时用。在拴立线时,应先

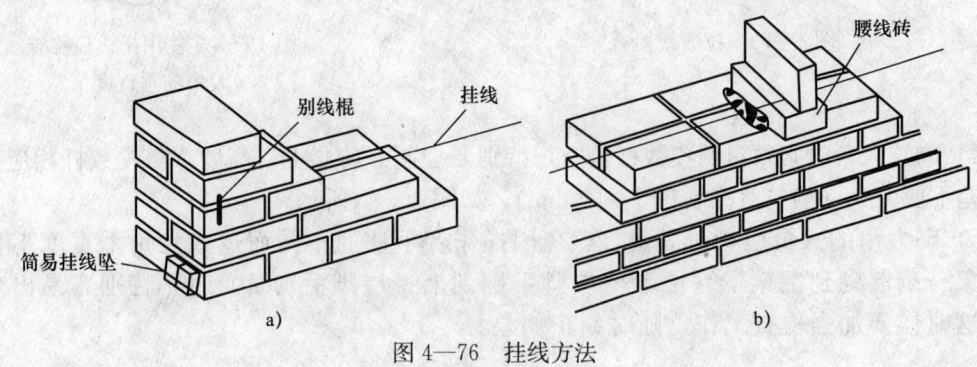

图 4—76 挂线方法

检查预留槎子是不是垂直。根据拴好的垂直线拉水平线。水平线的两端要由立线的里侧往外拴牢，两端拴的水平线要与砖缝一致，不得错层造成偏差。挂立线的方法如图 4—77 所示。

挂线虽然是砌墙的依据，但是准线有时也会受风或其他因素的影响而偏离正确位置，所以在砌砖时要经常检查，发现有偏离时要及时纠正。同时，在砌筑中要学会"穿墙"，即穿看下面已砌好的墙面，找准新砖的位置。这种操作技术需要在砌筑实践中不断熟练、提高。

(3) 门窗洞口的砌筑。门窗洞在开始砌砖时就会遇到，一般分先立门窗框砌筑和后立门窗框（又称后嵌樘子）砌筑两种。

1) 先立门窗框，如图 4—78 所示。砌砖时要离开门窗框边 3 mm 左右，不能顶死，以免门窗框受挤压而变形。同时要经常检查门窗框的位置和垂直度，随时纠正，并用线锤或靠尺板校正门窗框平面内、外的垂直度。检查门窗框标高是否正确，用水平尺检查其冒头是否呈水平，如图 4—79 所示。

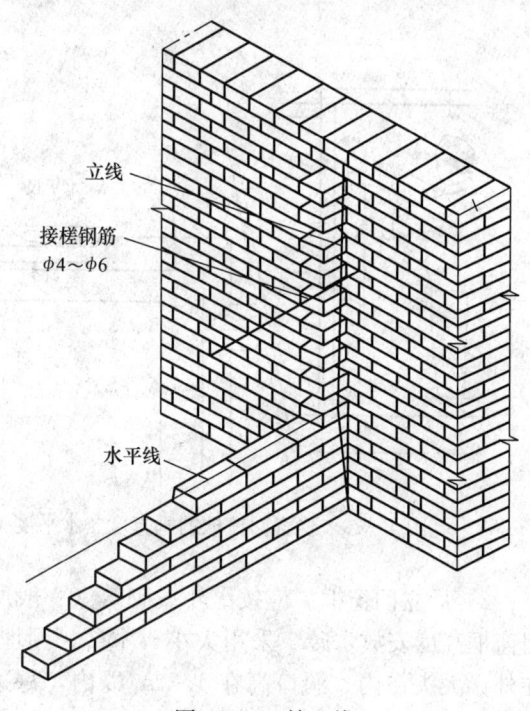

图 4—77 挂立线

图 4—78 先立门窗框

门窗框与砖墙用燕尾木砖（或大小头木砖）拉结，如图 4—80 所示。

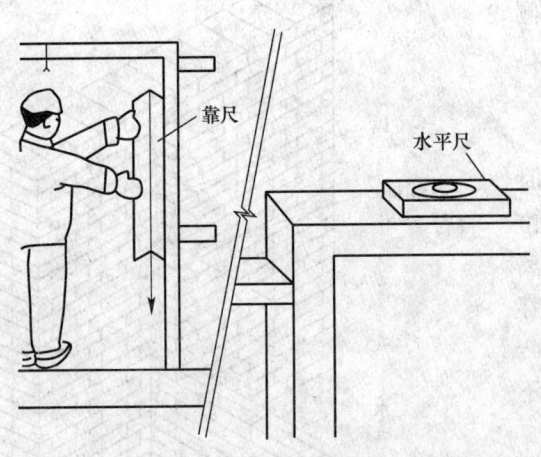
图 4—79 检查门窗框的垂直度、水平度

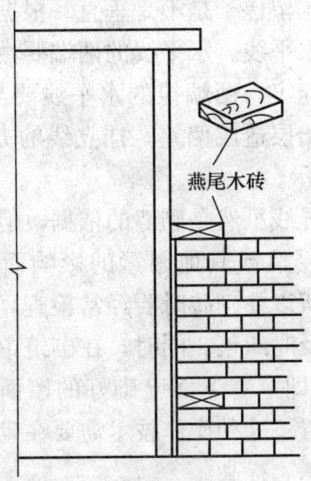
图 4—80 先立木门口做法

2) 后立门窗框。应按墨斗线砌筑（一般所弹的墨斗线比门窗框外包宽 2 cm），并根据门窗框高度安放木砖。采用大小头木砖，预埋时应小头在外，大头在内。洞口高在 1.2 m 以内，每边放 2 块；高 1.2～2 m，每边放 3 块；高 2～3 m，每边放 4 块。预埋砖的部位一般在洞口上下边四皮砖处，中间均匀分布。木砖要提前做好防腐处理。对窗框侧面的墙作同样处理，一般无腰头的窗每侧各放 2 块木砖，上下各砌 2～3 皮砖；有腰头的窗要放 3 块，即除了上下各 1 块以外中间还要放 1 块。后立门窗框做法如图 4—81 所示。

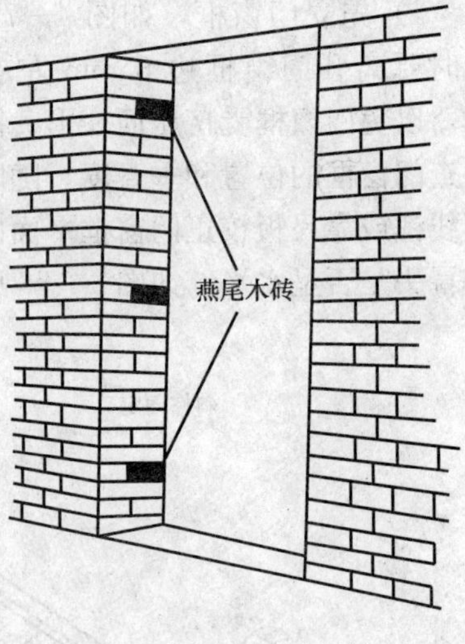

3) 推拉门、金属门窗不用木砖，其做法各地不同，有的按图样设计要求砌入铁件，有的预留安装孔洞，这些均应按设计要求预留，不得事后剔凿。墙体抗震拉结筋的位置，钢筋规格、数量、间距均应按设计要求留置，不应错放、漏放。

图 4—81 后立门窗框做法

当墙砌到窗洞标高时，须按尺寸留置窗洞，然后再砌窗洞间的窗间墙，还要进行窗台砌筑、安放钢筋混凝土过梁等操作。

5. 窗台砌筑

窗台分出砖檐（又称出平砖）和出虎头砖两种砌法。

(1) 出砖檐的砌法。在窗台标高下一层砖，根据分口线把两头砖砌过分口线 6 cm，挑出墙面 6 cm，如图 4—82 所示，砌筑时把线挂在两头挑出的砖角上。砌出檐砖时，立缝要打碰头灰。

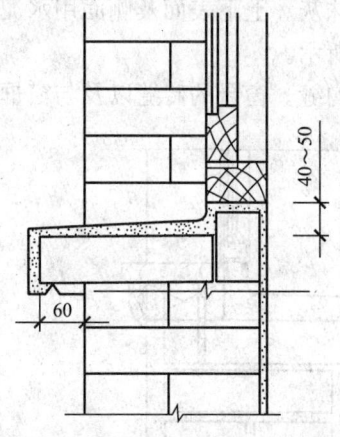

a) 出砖檐(又称出平砖)砌法示意图　　b) 出砖檐(又称出平砖)砌法窗台尺寸

图 4—82　出砖檐（又称出平砖）砌法

出砖檐砌法由于上部是空口，容易使砖碰掉，成品保护比较困难，因此可以只砌窗间墙下压住的挑砖，窗口处的砖可以到抹灰前再砌。

（2）出虎头砖的砌法。在窗台标高下两层砖就要根据分口线将两头的陡砖（侧砖）砌过分口线 10～12 cm，并向外留 2 cm 的泛水，挑出墙面 6 cm，如图 4—83 所示。窗口两头的陡砖砌好后，在砖上挂线，中间的陡砖以一块丁砖的位置放两块陡砖的规则砌筑。操作方法是把灰打在砖中间，四边留 1 cm 左右，一块挤一块地砌，灰浆要饱满。

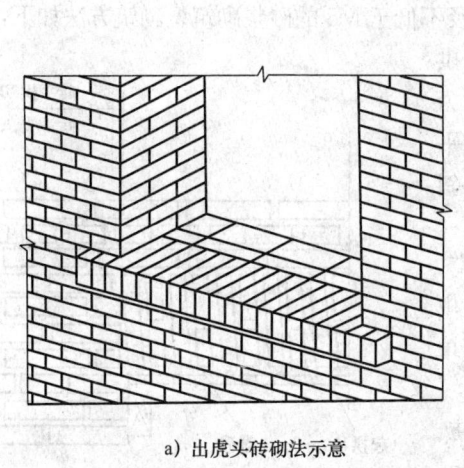
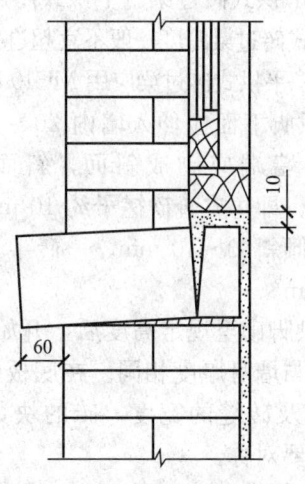

a) 出虎头砖砌法示意　　b) 出虎头砖砌法窗台尺寸

图 4—83　出虎头砖的砌法

(3) 抹灰。上下表面及侧面用水泥砂浆抹灰，窗台面抹出坡度，窗台底抹出滴水槽，如图4—84所示。

(4) 勾缝。窗台的砖缝以及与窗框的缝隙均用水泥砂浆勾缝，如图4—85所示。

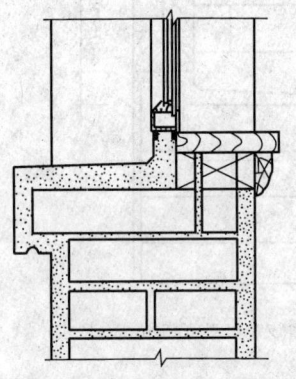

图4—84 窗台底抹出滴水槽

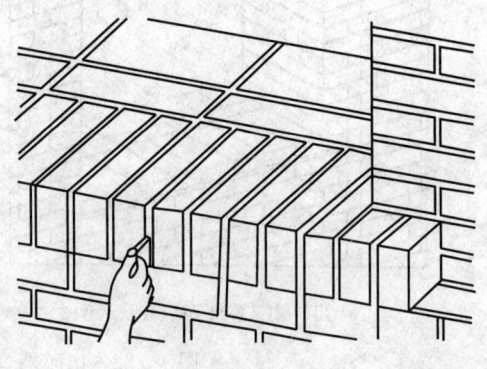

图4—85 勾缝

(5) 窗间墙的砌筑。窗台砌完后，拉通准线砌窗间墙。窗间墙部分一般都是一人独立操作，操作时要求跟通线进行，并要与相邻操作者经常沟通。砌第一皮砖时要防止将窗口砌成"阴阳膀"（窗口两边不一致，窗间墙两端用砖不一致），往上砌时，位于皮数杆处的操作者，要经常提醒大家皮数杆上标志的预留、预埋等要求。

6. 砖过梁砌筑

(1) 平拱式砖过梁。平拱式砖过梁分为立砖平拱、斜形平拱和插子平拱三种。

平拱式砖过梁跨度一般不宜超过1.8 m，可用整砖侧砌。拱高有一砖和一砖半两种，厚度应等于墙厚。平拱式砖过梁应用MU10以上的砖及不低于M5的砂浆砌筑。砌筑方法如下：

1) 拱脚下面应伸入墙内20～30 mm，拱脚两边的墙端应砌成斜面，斜面的斜度为1/6～1/4，即每皮砖砍楔子约10 mm。一砖平拱上端约倾斜30～40 mm，一砖半平拱约倾斜50～60 mm。

2) 拱脚砌至规定高度后，开始架设拱模，其宽度应与墙身厚度相同。在底板的侧面划出砖的块数及砖缝的宽度，砖的块数要求成单数，两边要对称。

3) 在拱模上铺一层湿砂，中间厚两端薄，作为平拱的起拱，拱度可为跨度的1%。例如，1.5 m跨度，中间铺砂厚度可为20 mm，两端厚度5 mm，拱模做法如图4—86所示。

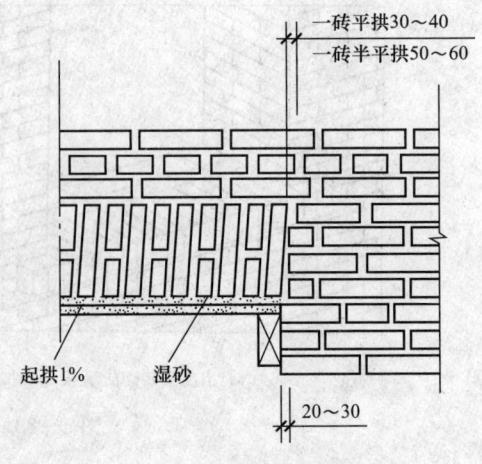

图4—86 平拱的拱脚与拱模做法

4）依所划砖与灰缝的位置从两端拱座同时开始,用立砖与陡砖交替砌筑并向中间合拢,中间的一块砖要从上向下塞砌,并用砂浆填嵌密实,如图 4—87 所示。

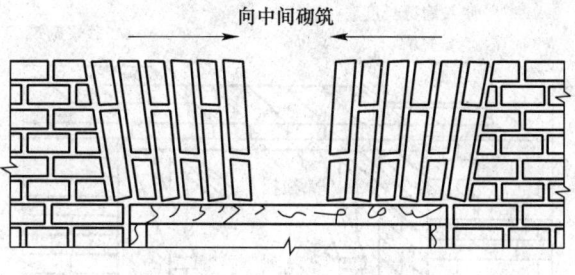

图 4—87 砌平拱

5）砌筑时,灰缝应砌成楔形,上口灰缝不得超过 15 mm,下口灰缝不得小于 5 mm,拱脚下面应伸入墙内不小于 20 mm,灰浆要饱满,把砖挤紧。砂浆强度等级不低于 M5,如图 4—88 所示。

6）砖平拱跨度超过 1.2 m 以上时,在拱模两端及中间应加支撑。如设计无规定时,底模在砂浆的预测强度达到设计强度等级的 50%以上时方可拆除,以防砖平拱变形或塌落。

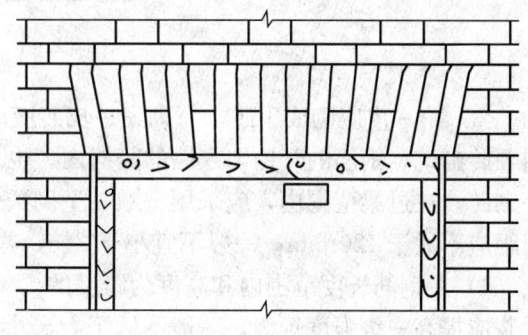

图 4—88 灰缝砌成楔形

（2）平砌钢筋砖过梁。平砌钢筋砖过梁由砖平砌而成,在底部配置钢筋,一般用于跨度不大于 2 m 的门窗口。砌筑方法如下:

1）砖墙砌至高出窗口 10~20 mm 时,架设过梁模板。中间起拱应为跨度的 1%,如窗口为 1 m,则起拱为 10 mm。浇水湿润模板,上铺 30 mm 厚的 1:3 水泥砂浆层,如图 4—89所示。

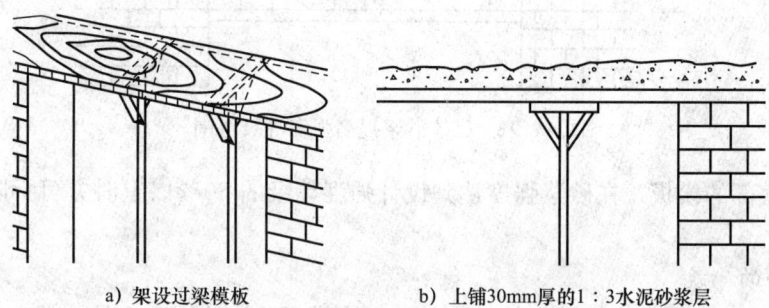

a) 架设过梁模板　　b) 上铺30mm厚的1:3水泥砂浆层

图 4—89 架设模板及上铺水泥砂浆层

2) 按图样要求把钢筋两端弯成方钩，弯钩向上，中部埋入模板上的砂浆层中。两端各伸入支座砌体内的长度不应少于 360 mm，如图 4—90 所示。

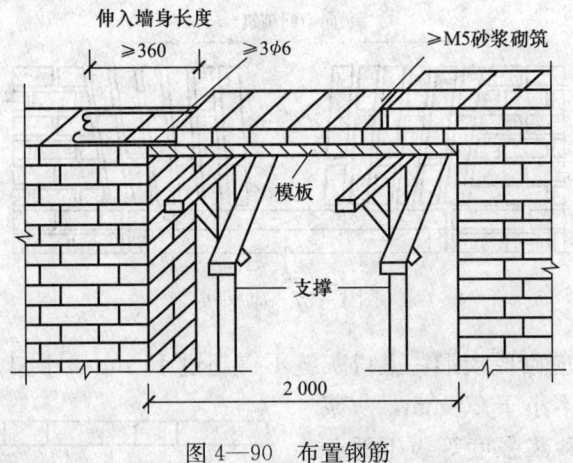

图 4—90 布置钢筋

3) 第一皮应砌成丁砖，每砌完一皮砖应用稀砂浆灌缝，使砂浆密实饱满。最下一皮砖用顺砖砌筑，钢筋的弯钩埋入墙的竖缝内。也可以在模板上先砌一皮丁砖，再放钢筋，逐层平砌砖。在过梁范围内，应采用一顺一丁砌法或梅花丁砌法，钢筋直径应由计算确定，水平间距应不大于 120 mm，一般不宜小于 2ϕ6，并与砖墙同时砌筑。

4) 在钢筋长度范围内和高度为跨度的 1/4 范围内（但不少于 5 皮砖），砌体砂浆比砌墙砂浆应提高一级强度等级，一般不低于 M5 砂浆，如图 4—91 所示。例如，用 M2.5 砂浆砌筑 1.6 m 洞口，在 40 cm 砖过梁高度范围内，需用 M5 砂浆砌筑。

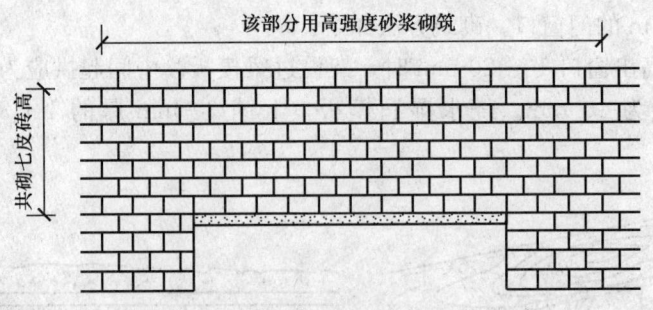

图 4—91 砌体砂浆提高强度等级范围

5) 过梁底部的模板，在砂浆强度达到设计强度等级的 50% 以上时方可拆除，以防止过梁变形或塌落。

7. 构造柱的砌筑

(1) 构造柱施工顺序：绑扎钢筋→砌砖墙→支模板→浇捣混凝土柱。

(2) 砖砌体与构造柱的连接处应砌成马牙槎，每一马牙槎高度不宜超过 300 mm，如图 4—92 所示，并沿墙高每隔 500 mm 设 2ϕ6 水平拉结钢筋，且每边伸入墙内不宜小于 1 m。

(3) 砌砖墙时，从每层构造柱脚开始，砌马牙槎应先退后进，以保证构造柱脚为大断面。当马牙槎齿深为 120 mm 时，其上口可采用一皮进 60 mm，再一皮进 120 mm 的方法，以保证浇筑混凝土后上角密实。

8. 梁底和板底砖的处理

砖墙砌到楼板底时应砌成丁砖层。如果楼板是现浇的，并直接支撑在砖墙上，则应砌低一皮砖，使楼板的支撑处混凝土加厚，支撑点得到加强。

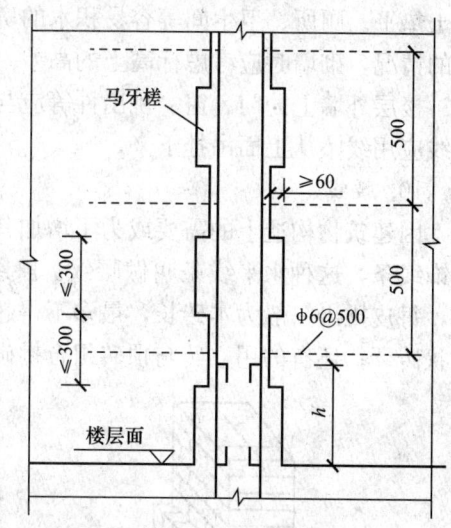

图 4—92 构造柱与砖砌体连接构造

填充墙砌到框架梁底时，墙与梁底的缝隙要用铁楔子或木楔子打紧，然后用 1∶2 水泥砂浆嵌填密实。如果是混水墙，可以用与平面交角在 45°～60°的斜砌砖顶紧（俗称走马撑或鹅毛皮）。假如填充墙是外墙，应等砌体沉降结束，砂浆达到规定强度后再用楔子楔紧，然后用 1∶2 水泥砂浆嵌填密实，因为这一部分是薄弱点，最容易造成外墙渗漏，施工时要特别注意。梁板底的处理如图 4—93 所示。

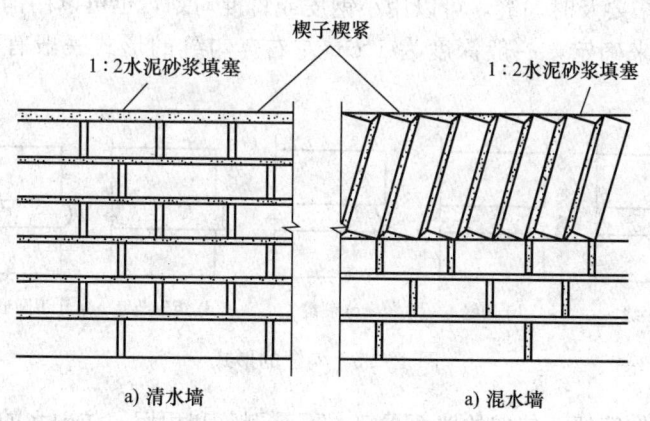

图 4—93 填充墙与框架梁底的砌法

9. 楼层墙体砌筑

砌砖前要检查皮数杆是不是由下层标高引测的，还要检查内墙皮数杆的杆底标高。有时因为楼板本身的误差和安装误差，可能出现第一皮砖砌不下或者灰缝太大，这时要用细石混凝土垫平。厕所、卫生间等容易积水的房间，要注意图样上是否有该类房间地面比其他房间低的情况，砌墙时应考虑标高上的高差。

楼层外墙上的门、窗、挑出件等应与底层或下层门、窗、挑出件等在同一垂直线上。分口线应用线坠从上面吊挂下来。

10. 腰线

因建筑物构造上的需要或为了增加其外形美观，沿房屋外墙面的水平方向用砖挑出各种装饰线条，这种水平线条叫做腰线。腰线砌法基本与拔檐相同，只是一般多用顶砖逐皮挑出，每皮挑出一般为本砖长，最多不得超过 1/3 砖长；也有用砖角斜砌挑出，组成连续的三角状砖牙；还有的用立砖与顶砖组合挑砌花饰等，如图 4—94 所示。

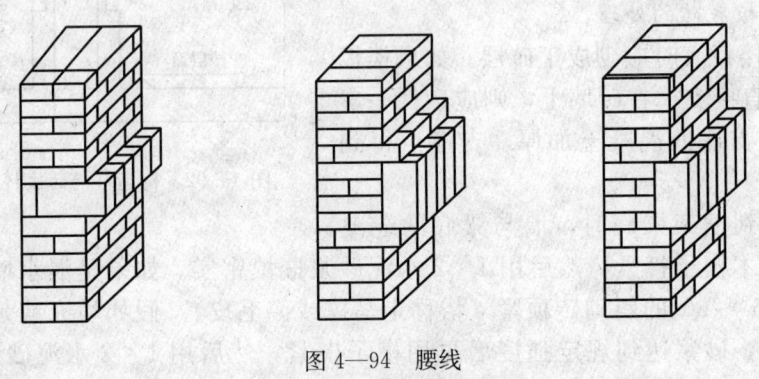

图 4—94 腰线

11. 清水墙勾缝

清水墙砌筑完毕要及时勾缝，可以用小钢皮或竹棍勾划，也可以用钢线刷剔刷，勾缝深度应根据勾缝形式来确定，一般深度为 1 cm 左右。勾缝的形式一般有 5 种，如图 4—95 所示。

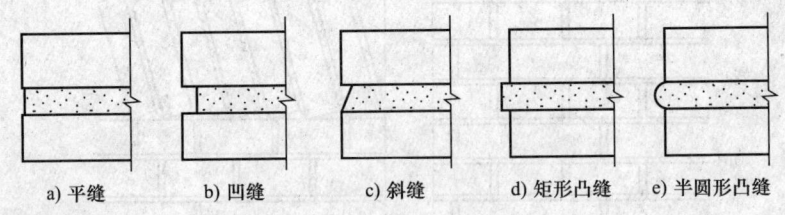

a) 平缝　b) 凹缝　c) 斜缝　d) 矩形凸缝　e) 半圆形凸缝

图 4—95 勾缝的形式

(1) 平缝。操作简便，勾成的墙面平整，不易剥落和积圬，防雨水的渗透作用较好，但墙面较为单调。平缝一般采用深浅两种做法，深的约凹进墙面 3～5 mm。

(2) 凹缝。凹缝是将灰缝凹进墙面 5～8 mm 的一种形式。凹面可做成半圆形。勾凹缝的墙面有立体感。

(3) 斜缝。斜缝是把灰缝的上口压进墙面 3～4 mm，下口与墙面齐平，使其成为斜面向上的缝。斜缝泻水方便。

(4) 凸缝。凸缝是在灰缝面做成一个半圆形或矩形的凸线，使灰缝凸出墙面约 5 mm。凸缝墙面线条明显、清晰，外观美丽，但操作比较费事。

勾缝以前应先将脚手眼清理干净并洒水湿润，再用与原墙相同的砖补砌严密，同时要把门窗框周围的缝隙用 1∶3 水泥砂浆堵严嵌实，深浅要一致，并要把碰掉的外墙窗台等补砌好。要对灰缝进行整理，对于偏斜的灰缝要用钢凿剔凿，缺损处用 1∶2 水泥砂浆加氧化铁红调成与墙面相似的颜色修补（俗称做假砖），对于抠挖不深的灰缝要用钢凿剔深，最后将墙面上黏结的泥浆、砂浆、杂物清除干净。

勾缝前一天应将墙面浇水洇透，勾缝的顺序是从上而下，先勾横缝，后勾竖缝。勾横缝的操作方法是：左手拿托灰板紧靠墙面，右手拿长溜子，将托灰板顶在要勾缝口的下边，右手用溜子将灰浆勾入缝内，同时自右向左随勾随移动托灰板。勾完一段后，再用溜子自左向右在砖缝内溜压密实，使其平整，深浅一致。勾竖缝的操作方法是：用短溜子在托灰板上把灰浆刮起（俗称刁灰），然后勾入缝中，使其塞压紧密、平整，如图 4—96 所示。

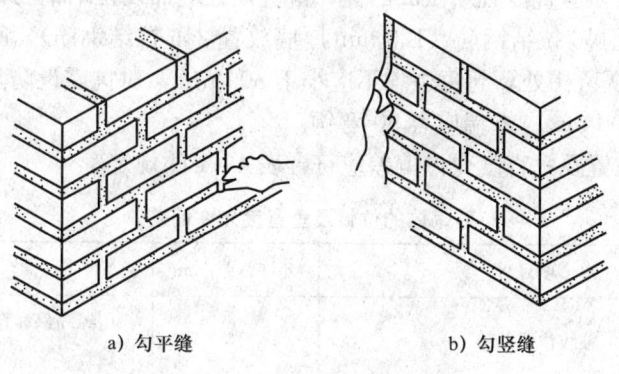

a) 勾平缝   b) 勾竖缝

图 4—96 勾缝的操作手法

勾好的平缝与竖缝要深浅一致，交圈对口，一段墙勾完以后要用笤帚把墙面扫干净，勾完的灰缝不应有搭槎、毛疵、舌头灰等毛病。墙面的阳角处水平缝转角要方正，阴角的竖缝要勾成弓形缝，左右分明，不要从上到下勾成一条直线，影响美观。砖碹的缝要勾立面和底面，虎头砖要勾三面，转角处要勾方正，灰缝面要颜色一致、黏结牢固、压实抹光、无开裂，砖墙面要洁净。

二、成品保护

1. 墙体拉结钢筋、抗震构造柱钢筋、墙体钢筋及各种预埋件、暖卫、电气管线等，均应注意保护，不得任意拆改或损坏。
2. 砂浆稠度应适宜，砌墙时应防止砂浆溅脏墙面。
3. 在吊放平台脚手架或安装大模板（内浇外砌建筑）时，指挥人员和吊车司机要认真指挥和操作，防止碰撞刚砌好的砖墙。

4. 在高车架进料口周围，应用塑料薄膜或木板等遮盖，保持墙面洁净。

5. 尚未安装楼板或屋面的墙和柱，当可能遇大风时，应采取临时支撑等措施，以保证施工中的稳定性。

6. 雨天施工收工时，应覆盖砌体表面。

三、质量标准和安全要求

1. 主控项目

（1）砖和砂浆的强度等级必须符合设计要求。

（2）砌体水平灰缝的砂浆饱满度不得小于 80%。

（3）砖砌体的转角处和交接处应同时砌筑、严禁无可靠措施的内外墙分砌施工。对不能同时砌筑而又必须留置的临时间断处应砌成斜槎，斜槎投影长度不应小于高度的 2/3。

（4）非抗震设防及抗震设防烈度为 6 度、7 度地区的临时间断处，当不能留斜槎时，除转角处外，可留直槎，但直槎必须做成凸槎。留直槎处应加设拉结钢筋，拉结钢筋的数量为每 120 mm 墙厚放置 1ϕ6 拉结钢筋（120 mm 厚墙放置 2ϕ6 拉结钢筋），间距沿墙高不应超过 500 mm；埋入长度从留槎处算起每边均不应小于 500 mm，对抗震设防烈度为 6 度、7 度的地区，不应小于 1 000 mm；末端应有 90°弯钩。

（5）砖砌体的位置及垂直度允许偏差应符合表 4—1 的规定。

表 4—1　　　　　　　　砖砌体的位置及垂直度允许偏差

项次	项目		允许偏差/mm	检验方法
1	轴线位置偏移		10	用经纬仪和直尺检查或用其他测量仪器检查
2	垂直度	每层	5	用 2 m 托线板检查
		全高 ≤10 m	10	用经纬仪、吊线锤和直尺检查，或用其他测量仪器检查
		全高 >10 m	20	

2. 一般项目

（1）砖砌体组砌方法应正确，上、下错缝，内外搭砌，砖柱不得采用包心砌法。

（2）砖砌体的灰缝应横平竖直、厚薄均匀。水平灰缝厚度宜为 10 mm，但不应小于 8 mm，也不应大于 12 mm。

（3）砖砌体的一般尺寸允许偏差应符合表 4—2 的规定。

表 4—2　　　　　　　　　　　　砖砌体的一般尺寸允许偏差

项次	项目		允许偏差/mm	检验方法	检验数量
1	基础顶面和楼面标高		±15	用水平仪和直尺检查	不应少于5处
2	表面平整度	清水墙、柱	5	用2m靠尺和楔形塞尺检查	有代表性自然间10%,但不应少于3间,每间不应少于2处
		混水墙、柱	8		
3	门窗洞口高、宽(后塞口)		±5	用直尺检查	检查批洞口的10%,且不应少于5处
4	外墙上下窗口偏移		20	以底层窗口为准,用经纬仪或吊线锤检查	检验批的10%,且不应少于5处
5	水平灰缝平直度	清水墙	7	拉10m线和尺检查	有代表性自然间10%,但不应少于3间,每间不应少于2处
		混水墙	10		
6	清水墙游丁走缝		20	吊线锤和直尺检查,以每层第一皮砖为准	有代表性自然间10%,但不应少于3间,每间不应少于2处

3. 安全注意事项

(1) 检查脚手架。砖瓦工上班前要检查脚手架的绑扎是否符合要求,对于钢管脚手架,要检查其扣件是否松动。

雨雪天或大雨以后要检查脚手架是否下沉,还要检查有无空头板和迭头板。若发现上述问题,要立即通知有关人员给予纠正。

(2) 正确使用脚手架。无论是单排或双排脚手架,其承载能力都是 3.0 kPa,一般在脚手架上堆砖不得超过三码。操作人员不能在脚手架上嬉戏及多人集中在一起,不得坐在脚手架的栏杆上休息,发现有脚手架板损坏要及时更换。

(3) 严禁站在墙上工作或行走,工作完毕应将墙上和脚手架上多余的材料、工具清理干净。在脚手架上砍凿砖块时,应面对墙面,把砍下的砖块碎屑随时填入墙内利用,或集中在容器内运走。

(4) 门窗的支撑及拉结杆应固定在楼面上,不得落在脚手架上。

(5) 山墙砌到顶以后,悬臂高度较高,应及时安装檩条。如不能及时安装檩条,应用支撑撑牢,以防大风刮倒。

(6) 砌筑出檐时,应按层砌,应先砌后部后砌出檐,以防出檐倾翻。

模块四 砌块砌筑

一、小型砌块砌筑

普通混凝土小型砌块可以用于砌筑基础、墙体等。轻集料混凝土小型砌块可以用于砌筑隔墙或填充墙。混凝土小砌块墙一般采用全顺式砌法,上下两皮砌块竖向灰缝相互错开 1/2 砌块长,墙的厚度等于砌块宽度,如图 4—97 所示。

1. 施工准备

(1) 堆放。装卸小砌块时,严禁倾卸丢掷,应整齐堆放。现场的小砌块,应按不同规格和强度等级分别堆放整齐,堆垛上应设标志,堆放场地必须平整,并做好排水工作。其堆放高度不宜超过 1.6 m,堆垛之间应保留一定宽度的运输通道。堆垛上要有防雨措施,防止砌块受潮,否则砌筑后易引起墙体收缩开裂。

(2) 施工放线准备。

1) 基础施工前,应用钢尺校核房屋的放线尺寸,其允许偏差不应超过表 4—3 的规定,并按照设计图样的要求弹好墙体轴线、中心线或墙体边线。

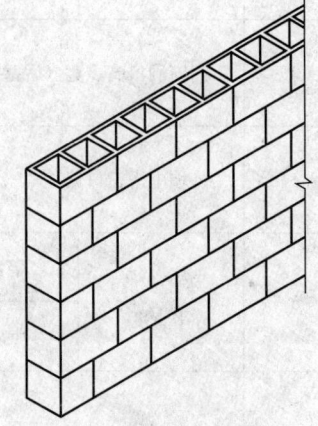

图 4—97 混凝土小砌块墙

表 4—3　　　　　放线尺寸的允许偏差

长度 L（或宽度 B）/m	允许偏差/mm	长度 L（或宽度 B）/m	允许偏差/mm
L（或 B）≤30	±5	60<L（或 B）≤90	±15
30<L（或 B）≤60	±10	90≤L（或 B）	±20

2) 砌筑前应根据设计图样绘制墙体砌块排列图,计算出各种不同规格砌块的数量,如图 4—98 所示。

3) 砌筑前应根据排列图画出并制作皮数杆,杆上注明砌块的高度、皮数、灰缝厚度及门窗洞口高度,并将皮数杆竖立于墙的转角处和交接处。皮数杆的间距宜小于 15 m。

(3) 材料准备。

1) 小砌块的准备和要求:

①砌块应按排列图的规格、数量、要求,运至每道墙的脚手架上。

②严禁使用断裂砌块和壁肋中有凹形裂纹的砌块,且不得与黏土砖或其他材质的块体混合砌筑。

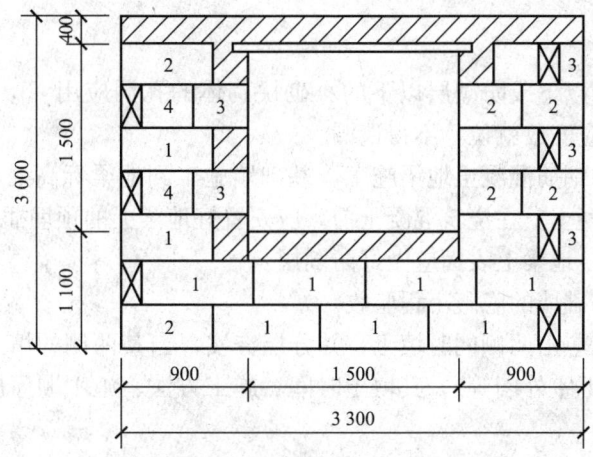

图 4—98 小砌块墙体面排列图

③龄期不足 28 天及潮湿的小砌块,不得进行砌筑。

④严禁对砌块进行浇水、浸水湿润,当天气干热时,可稍微喷水湿润,并有防水、排水措施。轻集料混凝土空心砌块,宜提前 2 天以上适当浇水湿润。

⑤应尽量使用主规格的小砌块,小砌块的强度等级应符合设计要求。

⑥应清除小砌块表面的污物和芯柱用小砌块孔洞底部的毛边。芯柱必须保证 120 mm× 120 mm 的孔洞尺寸,多用半封底砌块,砌筑时应将芯柱的飞边打掉,并清除砌块表面的污物和毛边,以保证孔洞贯通。

2) 砌筑砂浆的准备和要求:

①小砌块的砌筑砂浆宜用水泥混合砂浆。

②配置砂浆的水泥应优先采用 32.5 级或 42.5 级的;砂宜选用中砂,应过筛,并应控制含泥量不超过 5%,外加剂、掺和料及水均应符合有关规定。

③砂浆应用机械搅拌。加料应按细集料、掺和料、水泥的顺序,先干拌 1 min,再加水湿拌,总的搅拌时间不得少于 4 min。

④砂浆必须搅拌均匀,随拌随用,盛在灰槽内的砂浆如有泌水现象,砌筑前应重新搅拌。砂浆的存放时间不得超过 4 h,天气炎热(30℃以上)时,必须在 2~3 h 内用完,隔夜砂浆未经处理不得使用。

(4) 技术交底。在小砌块砌体工程施工前,应将小砌块建筑的特点、墙体排块图、砌筑砂浆、芯柱混凝土、墙体构造技术要求、施工方法、质量标准、检验方法等进行全面的技术交底,并对施工的工人进行技术培训,使之掌握施工规程和操作方法。

(5) 小砌块和砌筑砂浆的运输。砌筑前应将小砌块从堆放场地直接运输到工人操作地点,一般将小砌块堆放在托盘上,用塔吊直接运送到操作地点。

2. 砌筑要求及规定

(1) 基础砌筑。

1) 底层室内地面以下或防潮层以下的小砌块砌体的孔洞应用 C15 的细石混凝土灌实；芯柱或孔洞中的插筋应安放就位，不得遗漏。

2) 基础墙上部的钢筋混凝土地梁施工。基础墙施工到地梁标高处，应找平、验线、支模、绑钢筋、浇筑混凝土。在浇筑混凝土前，应安置好地梁上的预埋插筋，并与上部小砌块芯孔中的插筋相连接，地梁上表面应做好防潮层。

3) 进行基础及基础墙的隐蔽工程验收。

4) 砌完基础后，应由两侧同时填土，并分层夯实，当其两侧的填土高度不相等或只能在一侧填土时（如地下室外墙等），其填土时间、施工方法、施工顺序应保证砌体不致破坏或变形。

(2) 墙体砌筑。

1) 砌筑墙体时，应遵守下列基本规定：

①龄期不足 28 天及潮湿的小砌块不得进行砌筑。

②应在房屋四角或楼梯间转角处设立皮数杆，皮数杆间距不宜超过 15 m。

③应尽量采用主规格小砌块，小砌块的强度等级应符合设计要求，并应清除小砌块表面的污物和芯柱用小砌块孔洞底部的毛边。

④从转角或定位处开始，内外墙同时砌筑，纵横墙交错搭接；外墙转角处严禁留直槎，宜从两个方向同时砌筑；墙体临时间断处应砌成斜槎，斜槎长度不应小于高度的 2/3（一般按一步脚手架高度控制）；如留斜槎有困难，除外墙转角处及抗震设防地区、墙体临时间断处不应留直槎外，可从墙面伸出 200 mm 砌成阴阳槎，并沿墙高每三皮砌块（60 mm），设拉结筋或钢筋网片。接槎部位宜延至门窗洞口，如图 4—99 所示。

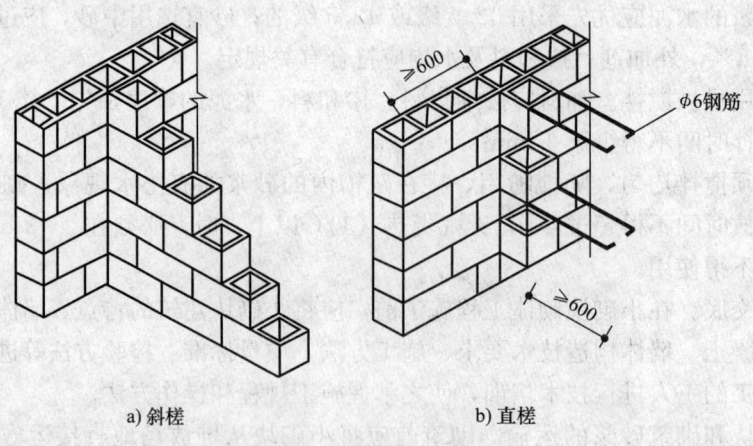

图 4—99 小砌块墙体接槎

a) 斜槎　　b) 直槎

⑤应对孔错缝搭砌。因个别情况无法对孔砌筑时，普通混凝土小砌块的搭接长度不应小于 90 mm，轻集料混凝土小砌块不应小于 120 mm。当不能保证此规定时，应在灰缝中设置拉结钢筋或网片，如图 4—100 所示。

⑥承重墙体不得采用小砌块与黏土砖等其他块体材料混合砌筑。

⑦严禁使用断裂小砌块或壁肋中有竖向凹形裂缝的小砌块砌筑承重墙体。

2) 砌体的灰缝应符合下列规定：

①砌体灰缝应横平竖直，全部灰缝均应铺填砂浆；水平灰缝的砂浆饱满度不得低于 90%，竖缝的砂浆饱满度不得低于 80%；砌筑中不得出现瞎缝、透明缝；砌筑砂浆强度未达到设计要求的 70% 时，不得拆除过梁底部的模板。

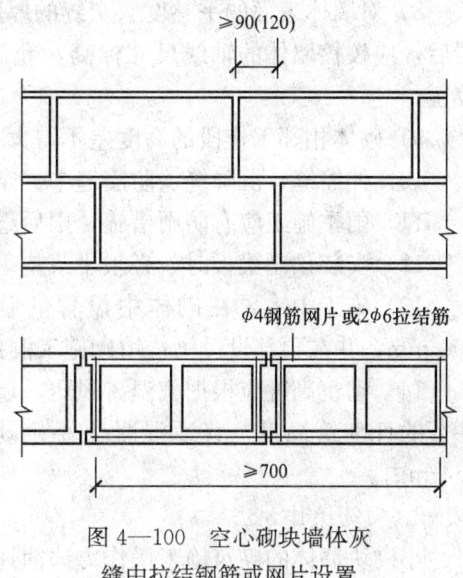

图 4—100 空心砌块墙体灰缝中拉结钢筋或网片设置

②砌体的水平灰缝厚度和竖直灰缝宽度应控制在 8~12 mm，砌筑时的铺灰长度不得超过 800 mm；严禁用水冲浆灌缝。

③当缺少辅助规格小砌块时，墙体通缝不应超过两皮砌块。

④清水墙面，应随砌随勾缝，并要求光滑、密实、平整。

⑤拉结钢筋或网片必须放置于灰缝和芯柱内，不得漏放，其外露部分不得随意弯折。

3) 需要移动已砌好的小砌块或被撞动的小砌块时，应重新铺浆砌筑。

4) 小砌块用于框架填充墙时，应与框架中预埋的拉结筋连接，当填充墙砌至顶面最后一皮时，与上部结构的接触宜用实心小砌块斜砌楔紧。

5) 对设计规定的洞口、管道、沟槽和预埋件等，应在砌筑时预留或预埋，严禁在砌好的墙体上打凿。在小砌块墙体中不得预留水平沟槽。

6) 基础防潮层的顶面，应将污物泥土除净后方能砌筑上面的砌体。

7) 砌体内不宜设脚手眼，如必须设置，可用 190 mm×190 mm×190 mm 小砌块侧砌，利用其孔洞作脚手眼，砌体完工后用 C15 混凝土填实。但在墙体下列部位不得设置脚手眼：

①过梁上部，与过梁成 60°角的三角形及过梁跨度 1/2 范围内。

②宽度不大于 800 mm 的窗间墙。

③梁和梁垫下及其左右各 500 mm 的范围内。

④门窗洞口两侧 200 mm 和墙体交接处 400 mm 的范围内。

⑤设计规定不允许设脚手眼的部位。

8) 对墙体表面的平整度、灰缝的厚度和饱满度应随时检查，校正偏差。在砌完每一楼层后，应校核墙体的轴线尺寸标高，允许范围内的轴线及标高的偏差，可在楼板面上予以校正。

9) 砌体相邻工作段的高度差不得大于一个楼层或 4 m。

10) 伸缩缝、沉降缝、防震缝中夹杂的落灰与杂物应清除。

11) 雨季施工应有防雨措施，雨后继续施工，应复核墙体的垂直度。

12) 安装预制梁板时，必须坐浆垫平。

13) 施工中需要在砌体中设置的临时施工洞口，其侧边离交接处的墙面不应小于 600 mm，并在顶部设过梁；填砌施工洞口的砌筑砂浆强度等级应提高一级。

14) 砌筑高度应根据气温、风压、墙体部位及小砌块材质等不同情况分别控制。常温条件下的日砌筑高度，普通混凝土小砌块控制在 1.8 m 内，轻集料混凝土小砌块控制在 2.4 m 内。

3. 砌筑操作方法

小砌块墙体的砌筑施工操作方法简述如下：

（1）立皮数杆。在房屋四角、楼梯间四角设立皮数杆。

（2）弹线。对基础墙顶面及楼地面的标高、墙身边线、门窗洞口尺寸线进行测量及弹线，并按砌块排列图放出分块线。

（3）排砌块（摆底）。根据轴线尺寸、砌块尺寸干排砌块。

（4）砌筑墙角或定位砌块。墙角每一皮砌块都要用 1.2 m 专用水平尺检查平整度，采用皮数杆确定每皮砌块顶部位置。

（5）挂线。以墙角砌块为标准，拉小线作为同皮砌块的水平依据。

（6）铺灰。砌筑时铺灰长度不得超过 800 mm，严禁用水冲浆灌缝。当缺少辅助规格的小砌块时，墙体通缝不得超过两皮砌块。铺灰方法可有以下三种：

1) 满铺法。将整个砌块水平面的壁肋及端部顶面全部铺浆，如图 4—101a 所示；提刀灰铺竖缝砂浆，如图 4—101b 所示；平铺顶面砂浆，即将砌块端面朝上排列平铺砂浆，如图 4—101c 所示，然后将砌块端面与已砌砌块端面挤紧，该法较提刀灰铺砂浆易于操作。

2) 壁铺法。在砌块壁上铺水平砂浆和沿端面两侧壁上抹砂浆，该法不易达到水平灰缝饱满度要求，如图 4—101d 所示。

3) 满铺—壁铺法。水平灰缝采用满铺法，竖缝用壁铺法，铺灰效果较好。当砌块端面有凹槽时，凹槽处再灌入灰浆，将灰浆捣实，可使竖缝灰浆饱满度达到要求。

（7）砌块的砌筑方法。

1) 小砌块砌筑时，应对孔错缝搭砌。

2) 小砌块要反砌，即使壁肋厚度大的面朝上，小面朝下，便于铺灰，且能增大上、下两皮砌块的接触面积，提高砌体抗剪强度。

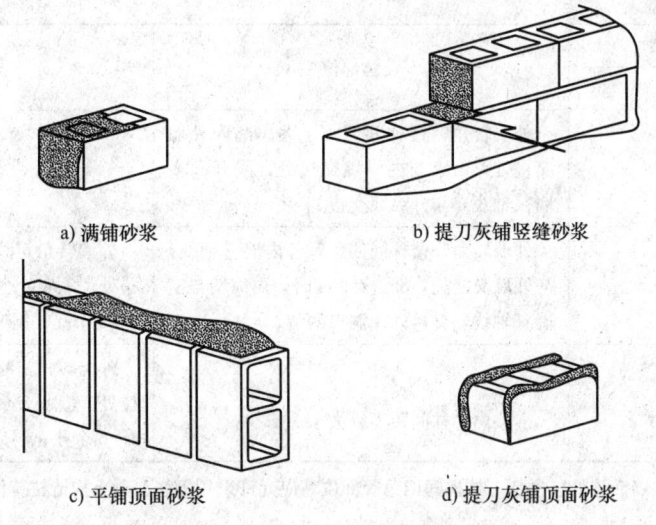

a) 满铺砂浆　　　　　b) 提刀灰铺竖缝砂浆

c) 平铺顶面砂浆　　　d) 提刀灰铺顶面砂浆

图4—101　小砌块墙铺灰法

3) 墙体临时间断处,应留置斜槎。

4) 随砌随检查墙体的砌筑质量,保证灰缝横平竖直,墙面平齐竖直,对墙体表面的平整度和垂直度、灰缝的厚度和饱满度应随时检查,校正偏差。每砌完一楼层后,应校核墙体的轴线尺寸和标高,允许范围内的偏差可在楼板面上予以校正。

二、混凝土芯柱施工

混凝土芯柱是指在小砌块墙体转角处和交接处的小砌块孔洞中浇灌混凝土形成上下贯通的小柱。在孔洞中不配置钢筋仅灌实混凝土,称为素混凝土芯柱;在孔洞中插入钢筋后浇灌混凝土,称为钢筋混凝土芯柱。

芯柱可增强多层砌块房屋的整体性和延性,提高抗震性和防倒塌能力。

1. 芯柱的设置范围

(1) 当无抗震设防要求时,一般小砌块房屋,宜在外墙转角、楼梯间四角、纵横墙交接处的三个孔洞设置素混凝土芯柱。

(2) 当有抗震设防要求时,芯柱的设置范围如下:

1) 对有抗震设防要求的小砌块房屋,应按表4—4的要求设置钢筋混凝土芯柱。

表4—4　　　　　　　　　小砌块房屋芯柱的设防要求

房屋层数			设防部位	设置数量
6度	7度	8度		
四、五	三、四	二、三	外墙转角,楼梯间四角,大房间内外墙交接处,隔15 m或单元横墙与外纵墙交接处	外墙转角,灌实3个孔;内外墙交接处,灌实4个孔

续表

房屋层数			设防部位	设置数量
6度	7度	8度		
六	五	四	外墙转角，楼梯间四角，大房间内外墙交接处，山墙与内纵墙交接处，隔开间横墙（轴线）与外纵墙交接处	
七	六	五	外墙转角，楼梯间四角，各内墙（轴线）与外墙交接处，8度和9度时，内纵墙与横墙（轴线）交接处和洞口两侧	外墙转角，灌实5个孔；内外墙交接处，灌实4个孔；内墙交接处灌实4～5个孔；洞口两侧各灌实1个孔
	七	六	同上 横墙内芯柱间距不宜大于2 m	外墙转角，灌实7个孔；内外墙交接处，灌实5个孔；内墙交接处灌实4～5个孔；洞口两侧各灌实1个孔

注：外墙转角、内外墙交接处、楼梯、楼梯间四角等部位，应允许采用钢筋混凝土构造柱替代部分芯柱。

2）对医院、教学楼等横墙较少的房屋，应根据房屋增加一层后的层数，按表4—4的要求设置芯柱。

3）除按表4—4的要求设置芯柱外，还应根据计算需要设置其他芯柱时，芯柱宜均匀布置。8度设防的五层房屋，芯柱的最大间距不应超过2.4 m。

2. 芯柱的构造要求

（1）芯柱的混凝土强度等级不宜低于C20，采用细石混凝土浇筑。

（2）芯柱的截面尺寸不宜小于120 mm×120 mm。

（3）芯柱所用插筋不应小于1φ12。

（4）芯柱应伸入室外地坪以下500 mm或锚入浅于500 mm的基础圈梁内，顶部应与屋盖圈梁锚固。

（5）芯柱应沿房屋全高贯通，并与各层圈梁整体现浇连接，竖向插筋不应小于1φ12；抗震设防烈度7度且建筑物超过五层、抗震设防烈度8度且建筑物超过四层和抗震设防烈度9度时，插筋不应小于1φ14。

（6）芯柱与墙体应可靠连接。可采用直径为4 mm的钢筋焊接网片沿墙高每隔600 mm设置一道，由水平灰缝每边伸入芯柱内。埋入墙内长度，每边不宜小于1 000 mm，如图4—102所示。

（7）芯柱混凝土应贯通楼板，在预制楼盖处，不得削弱芯柱截面尺寸。当采用预制装配式钢筋混凝土楼板时，对6～8度设防的房屋，应优先采用适当设置现浇混凝土板带的方法，或采用图4—103所示的方式实施贯穿措施，应在预制板端头接缝处，圈梁上留出梯形槽，使芯柱穿过此槽，并与槽内φ8的水平钢筋绑牢，水平钢筋与预制板内外主筋拉结，然后在槽内灌实C20细石混凝土。

（8）芯柱插筋应与基础或基础圈梁中的预埋钢筋绑扎或焊接连接，上下楼层的插筋可在楼板面上搭接，搭接长度不小于40 d（d为插筋直径）。

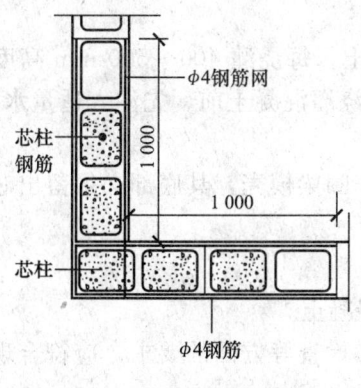
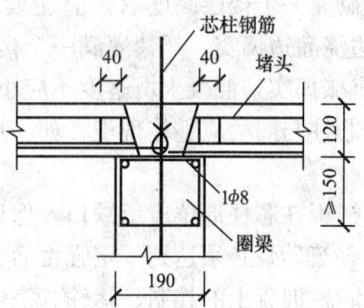

图 4—102 芯柱拉结
钢筋网片设置

图 4—103 芯柱贯穿楼板构造

3. 替代芯柱的构造柱的构造要求

当小砌块房屋中用钢筋混凝土构造柱替代芯柱时，应符合下列构造要求：

(1) 构造柱最小截面可采用 190 mm×190 mm，纵向钢筋宜采用 4φ12，箍筋间距不大于 250 mm，且在柱上下端宜适当加密；7 度且建筑物超过五层、8 度且建筑物超过四层和 9 度时，构造柱纵向钢筋宜采用 4φ14，箍筋间距不应大于 200 mm；外墙转角的构造柱可适当加大截面及配筋。

(2) 构造柱与砌块墙连接处应砌成马牙槎，与构造柱相邻的砌块孔洞，6 度时宜填实、7 度时应填实、8 度时应填实并插筋；沿墙高每隔 600 mm 应设拉结钢筋网片，每边伸入墙内不宜小于 1 m。

(3) 构造柱与圈梁连接处，构造柱的纵筋应穿过圈梁，保证构造柱纵筋上下贯通。

(4) 构造柱可不单独设置基础，但应伸入室外地面下 500 mm，或与埋深小于 500 mm 的基础圈梁相连。

4. 芯柱施工规定

(1) 芯柱混凝土施工工艺过程是：清除芯柱孔内杂物→放芯柱钢筋→在底部开口砌块绑扎钢筋，钢筋绑扎两个点→用水冲洗芯柱→封闭底部砌块的开口→孔底浇适量水泥素浆→定量浇筑芯柱混凝土→振捣芯柱混凝土。

(2) 芯柱施工应遵守下列规定：

1) 芯柱部位宜采用不封底的通孔小砌块，当采用半封底小砌块时，砌筑前必须打掉孔洞毛边。

2) 楼（地）面砌筑第一皮小砌块时，在芯柱部位，应用开口砌块（或 U 形砌块）砌出操作孔。在操作孔侧面宜预留连通孔，必须清除芯柱孔洞内的杂物及削掉孔内凸出的砂浆，用水冲洗干净，校正钢筋位置并绑扎或焊接固定后，方可浇灌混凝土。

3) 芯柱钢筋应与基础或基础梁中的预埋钢筋连接，上下楼层的钢筋可在楼板面上搭接，搭接长度不应小于40 d（d为插筋直径）。

4）砌完一个楼层高度后，应连续浇灌芯柱混凝土。每浇灌400～500 mm高度捣实一次，或边浇灌边捣实，严禁灌满一个楼层后再捣实。浇灌混凝土前，先注入适量水泥砂浆。宜采用机械捣实，混凝土坍落度不应小于50 mm。

5）芯柱与圈梁应整体现浇，如采用槽形小砌块作圈梁模壳，其底部必须留出芯柱通过的孔洞。

6）楼板在芯柱部位应留缺口，保证芯柱贯通。

7）砌筑砂浆必须达到一定强度后方可浇灌芯柱混凝土。

8）芯柱混凝土的拌制、运输、浇筑、养护、质量检查等方面的要求，应符合现行国家标准，并应注意下列几点：

①芯柱混凝土灌注时，应设专人检查，严格核实混凝土灌入量，认可后，方可继续施工。

②芯柱混凝土应具有高流动度、低收缩性能；强度等级与砌块相匹配；采用强制式搅拌机拌制；原材料经试验符合规范规定的要求后，方可使用。

③混凝土拌和前，原材料应按质量计量，允许偏差不得超过表4—5规定。计量设备具有法定计量部门签发的有效合格证。

表4—5　　　　　　　　灌孔混凝土原材料计量允许偏差

原材料品种	水泥	集料	水	外加剂	掺和料
允许偏差（%）	±2	±3	±2	±2	±2

三、混凝土小型空心砌块砌体工程质量标准

混凝土小型空心砌块砌体分项工程的验收应在检验批验收合格的基础上进行。检验批的确定可根据施工段划分。

混凝土小型空心砌块砌体工程检验批验收时，其主控项目应全部符合下列规定的各项内容；一般项目应80%及以上符合下列规定的各项内容，或偏差值在允许偏差范围以内。

1. 一般规定

（1）适用于普通混凝土小型空心砌块和轻集料混凝土小型空心砌块（以下简称小砌块）工程的施工质量验收。

（2）施工时所用的小砌块的产品龄期不应小于28天，且应符合下列规定：

1）砌筑小砌块时，应清除其表面污物和芯柱用小砌块孔洞底部毛边，剔除外观质量不合格的小砌块。

2）施工时所用的砂浆，宜选用专用的小砌块砌筑砂浆。

3）底层室内地面以下或防潮层以下的砌体，应采用强度等级不低于C20的混凝土灌实小砌块的孔洞。

4）小砌块砌筑时，在天气干燥炎热的情况下，可提前洒水湿润小砌块；对轻集料混凝

土小砌块,可提前浇水湿润。小砌块表面有浮水时,不得施工。

5) 承重墙体严禁使用断裂的小砌块。

6) 小砌块墙体应对孔错缝搭砌,搭接长度不应小于90 mm。墙体的个别部位不能满足上述要求时,应在灰缝中设置拉结钢筋或钢筋网片,但竖向通缝仍不得超过两皮小砌块。

7) 小砌块应底面朝上反砌于墙上。

8) 浇灌芯柱的混凝土,宜选用专用的小砌块灌孔混凝土,当采用普通混凝土时,其坍落度不应小于90 mm。

9) 浇灌芯柱混凝土时,应遵守下列规定:

①清除孔洞内的砂浆等杂物,并用水冲洗。

②砌筑砂浆的强度大于1 MPa时,方可浇灌芯柱混凝土。

③在浇灌芯柱混凝土前应注入适量与芯柱混凝土相同的去石水泥砂浆,再浇灌混凝土。

10) 需要移动砌体中的小砌块或小砌块被撞动时,应重新铺砌。

2. 主控项目

(1) 小砌块和砂浆的强度等级必须符合设计要求。

(2) 砌体水平灰缝的砂浆饱满度,按净面积计算不得低于90%;竖向灰缝饱满度不得小于80%;竖向凹槽部位应用砌筑砂浆填实,不得出现瞎缝、透明缝。

(3) 墙体转角处和纵横墙交接处应同时砌筑。临时间断处应砌成斜槎,斜槎水平投影长度不应小于高度的2/3。

(4) 砌体的轴线偏移和垂直度允许偏差应符合表4—6的规定。

表4—6　　　　砌块墙的位置及垂直度允许偏差

项次	项目		允许偏差/mm	检验方法
1	轴线位置偏移		10	用经纬仪和直尺检查或用其他测量仪器检查
2	垂直度	每层	5	用2 m托线板检查
		全高 ≤10 mm	10	用经纬仪、吊线锤和直尺检查,或用其他测量仪器检查
		全高 >10 mm	20	

3. 一般项目

(1) 墙体的水平灰缝厚度和竖向灰缝宽度宜为10 mm,但不应大于12 mm,也不应小于8 mm。

(2) 小砌块墙体的一般尺寸允许偏差应符合表4—7的规定。

表4—7　小砌块墙体的一般尺寸允许偏差

项次	项目		允许偏差/mm	检验方法	抽检数量
1	基础顶面和楼面标高		±15	用水平仪和直尺检查	不应少于5处
2	表面平整度	清水墙、柱	5	用2 m靠尺和楔形塞尺检查	有代表性自然间10%，但不应少于3间，每间不应少于2处
		混水墙、柱	8		
3	门窗洞口高、宽（后塞口）		±5	用直尺检查	检查批洞口的10%，且不应少于5处
4	外墙上下窗口偏移		±20	以底层窗口为准，用经纬仪或吊线锤检查	检验批的10%，且不应少于5处
5	水平灰缝平直度	清水墙	7	拉10 m线和直尺检查	有代表性自然间10%，但不应少于3间，每间不应少于2处
		混水墙	10		

模块五　窨井、渗井及化粪池砌筑

一、窨井砌筑

1. 窨井的用途与构造

按用途分，有上水管道与下水管道两种窨井。上水管道的窨井多为阀门井和水表井，为便于观察与开关，一般埋置不深，约在1 m左右，下水管道的窨井有用于生产废水与生活污水之分，一般埋置深度为1.5～2.0 m，有的达3～4 m。

窨井的形状有方形与圆形两种。一般多用圆窨井，在管径大、支管多时则用方窨井。圆形窨井的构造如图4—104所示。

2. 窨井砌筑要点

(1) 材料准备。

1) 烧结普通砖的强度等级应大于等于MU7.5。

2) 水泥可采用32.5级或42.5级普通或矿渣硅酸盐水泥。

3) 砂子可采用中砂，含泥量不超过5%，用5 mm孔筛过筛。

4) 石子可采用5～40 mm粒径的碎石或卵石，含泥量不大于2%。

5) 其他材料，如井内的爬梯铁脚、铸铁井座、井盖等，均应准备好。

(2) 技术准备。

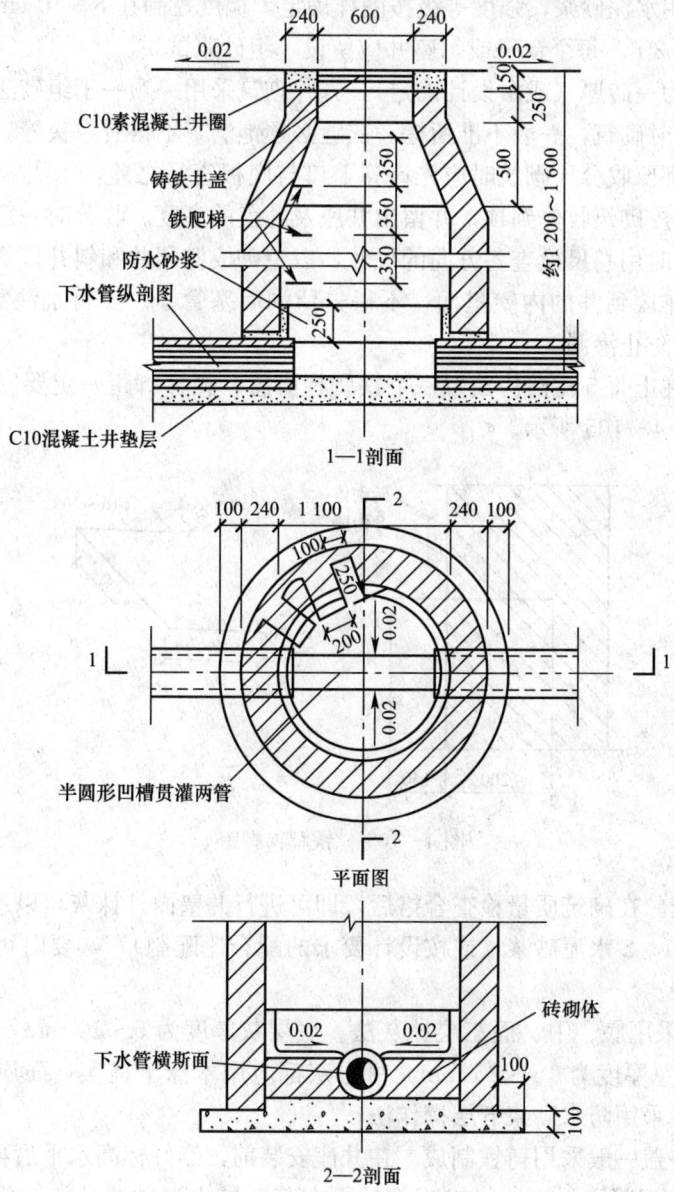

图 4—104 圆形窨井构造

1) 井坑的中心线已定好,直径尺寸和井底标高已复测合格。
2) 井的底板已浇灌好混凝土,管道已接到井位处。
3) 除一般常用的砌筑工具外,还要准备 2 m 钢卷尺和铁水平尺等。

(3) 井壁砌筑。

1) 砂浆应采用水泥砂浆，强度等级按图样确定，稠度控制在 8～10 cm，冬期施工时砂浆使用时间不超过 2 h。每个台班或每座井应留设一组砂浆试块。

2) 井壁一般为一砖厚（或由设计确定），方井砌筑采用一顺一丁组砌法，圆井采用全丁组砌法。井壁应同时砌筑，一般不准留槎。灰缝必须饱满，不得有空头缝。

3) 井壁一般都要收分。砌筑时应先计算上口与底板直径之差，求出收分尺寸，确定在何层收分；然后逐皮砌筑收分到顶，并留出井座及井盖的高度。收分时一定要水平，要用水平尺经常校对，同时用卷尺检查各方向的尺寸，以免砌成椭圆井和斜井。

4) 管子应先排放到井的内壁里面，不得先留洞后塞管子。要特别注意管子的下半部，一定要砌筑密实，防止渗漏。

5) 从井壁底往上每 5 皮砖应放置一个铁爬梯脚蹬，爬梯脚蹬一定要安装牢固，并事先涂好防锈漆，如图 4—105 所示。

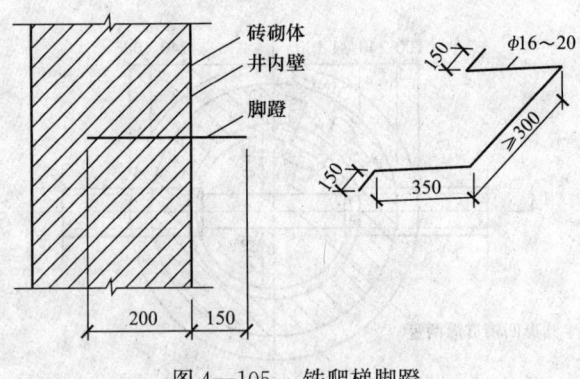

图 4—105 铁爬梯脚蹬

（4）井壁抹灰。在砌筑质量检查合格后，即可进行井壁内外抹灰，以达到防渗要求。

1) 砂浆采用 1∶2 水泥砂浆（或按设计要求的配合比配制），必要时可掺入水泥重量的 3%～5%的防水粉。

2) 壁内抹灰采用底、中、面三层抹灰法。底层灰厚度为 5～10 mm，中层灰为 5 mm，面层灰为 5 mm，总厚度为 15～20 mm。每层灰都应用木抹子搓实，面层灰应用铁抹子压光，外壁抹灰一般采用防水砂浆五层操作法。

（5）井座与井盖一般采用铸铁制成。在井座安装前，测好标高水平后再在井口先做一层 100～150 mm 厚的混凝土封口，封口凝固后再在其上铺水泥砂浆，将铸铁井座安装好。经检查合格，在井座四周抹上 1∶2 水泥砂浆泛水，盖好井盖。

（6）在水泥砂浆达到一定强度后，经闭水试验合格，即可回填土。

（7）砌体砌筑质量要求如下：

1) 砌体上下错缝，无通缝。

2) 窨井表面抹灰无裂缝、空鼓。

3) 窨井砌筑允许偏差见表 4—8。

表 4—8　　　　　　　　　窨井砌筑允许偏差表

项次	项目	允许偏差/mm	检验方法
1	轴线位置偏移	10	用经纬仪或拉线和尺量检查
2	顶面标高	±15	用水准仪和尺量检查

二、渗井砌筑

渗井是在污水处理不能接通下水道时，自行采取排除废水的设施。渗井应选择离房屋较远、地势低洼及土壤易于渗水的地方。根据排水量的多少决定渗井的直径与深度。一般井坑挖 1 m 多深，在坑底根据中心线安放木制或混凝土制的井盘，然后在盘上砌井，用随砌随沉的办法砌筑。其砌筑过程如下：

1. 先在井坑上立好十字中心杆，如图 4—106 所示，用线坠将中心引到坑底，检查井盘位置无误（盘中心与坑中心重合）后，即可砌筑。

2. 按定好的井盘，用顶砌法排砖干砌。上下皮砖缝要错开搭接，井外周宽的砖缝要用碎砖填塞严密。砌完几皮后，用轮圆杆、十字杆（见图 4—107）及铁水平尺绕中心检查井的直径及水平。干砌遇到砖摆不平的情况时可用干砂适当垫平，使井身保持平整垂直。

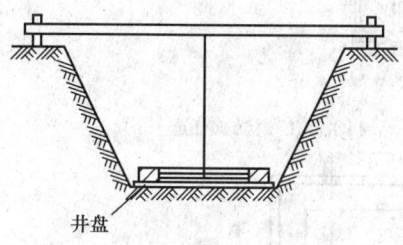

图 4—106　井坑立十字中心杆

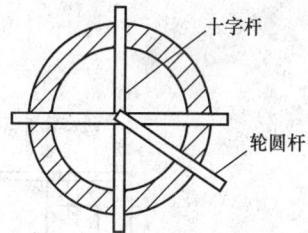

图 4—107　轮圆杆与十字杆

3. 每砌高 1 m 左右落盘一次。落盘时将井底及井盘底下的土挖出外运，井身靠自重自然下沉。在井盘下挖土要注意四周均匀，使井身能保持对称下沉。落一次盘，要对中心和水平进行一次检查，如此数次落到设计标高为止。落盘完毕，在井底铺上卵石。

4. 根据收分坡度定出每皮砖或几皮砖收分多少，随砌随收分。砖干砌到离下水管入口下五皮砖时，开始要用砂浆砌筑，一直砌到井上口地坪为止。砌完后四周回填土夯实。

三、化粪池砌筑

1. 化粪池的构造

化粪池由钢筋混凝土底板、隔板、顶板和砖砌墙壁组成。化粪池的埋置深度一般均大于 3 m，且要在冻土层以下。它由设计部门编制成标准图集，根据其容量大小编号，建造时设计图上按需要的大小对号选用。图 4—108 为化粪池的示意图。

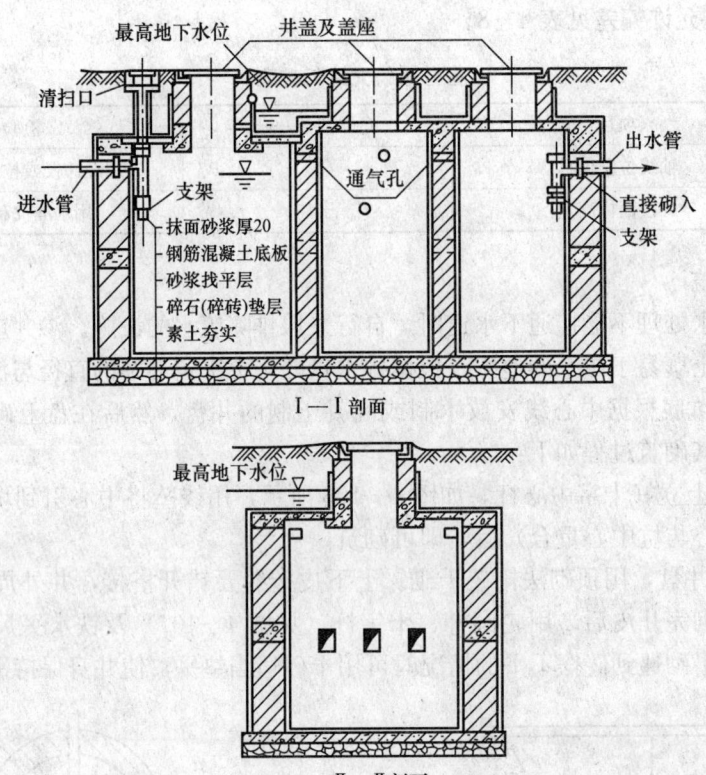

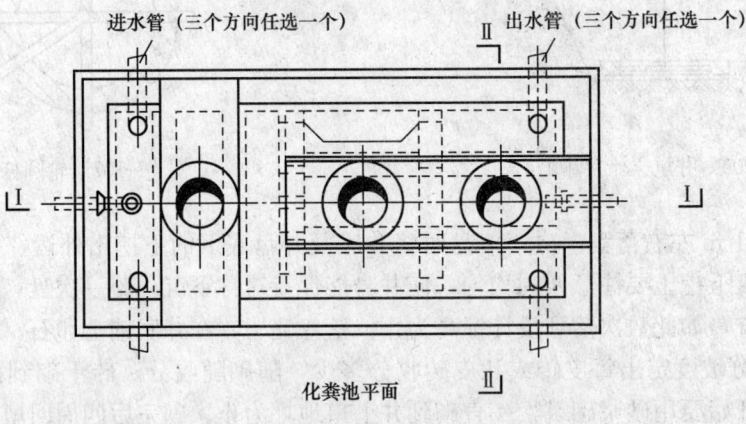

图 4—108 化粪池

2. 化粪池砌筑要点

(1) 准备工作。

1) 烧结普通砖的强度等级必须符合设计要求,规格一致。

2) 水泥采用 32.5 级或 42.5 级普通或矿渣硅酸盐水泥。

3) 采用中砂,要求用 5 mm 筛子过筛除去杂质,含泥量不大于 3%。
4) 采用粒径为 5～40 mm 的碎石或卵石,含泥量不超过 1%。
5) 其他如钢筋、预制隔板、检查井盖等,要求均已备好料。
6) 基坑定位桩和定位轴线已经测定,水准标高已确定并做好标志。
7) 基坑底板混凝土已浇好,并弹出了化粪池位置线。基坑底板上无积水。
8) 已立好皮数杆,砖施工前 1 天浇水湿润。

(2) 池壁砌筑。
1) 砌筑砂浆应用水泥砂浆,按设计要求的强度等级和配合比拌制。
2) 一砖厚的墙可以用梅花丁或一顺一丁砌法;一砖半或二砖墙采用一顺一丁砌法。内外墙应同时砌筑,不得留槎。
3) 砌筑时应先在四角盘角,随砌随检查垂直度,中间墙体拉准线控制平整度。砖砌隔墙应跟外墙同时砌筑。
4) 砌筑时要注意皮数杆上预留孔洞的位置,确保孔洞位置正确和化粪池使用功能。

(3) 凡设计中要安装预制隔板的,砌筑时应在墙上留出安放隔板的槽口,隔板插入槽内后,应用 1:3 水泥砂浆将隔板槽缝填嵌牢固,如图 4—109 所示。

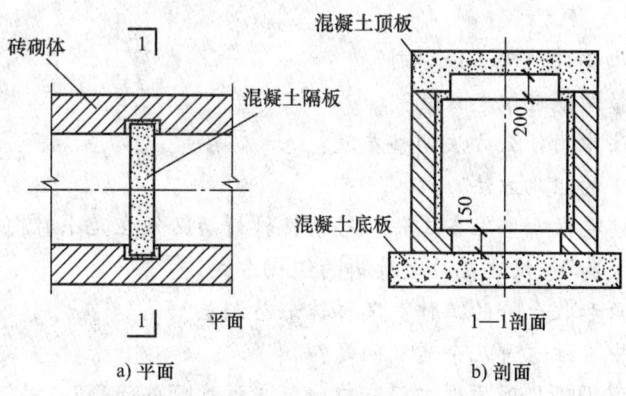

图 4—109 化粪池隔板安装

(4) 化粪池墙体砌完后,即可进行墙身内外抹灰。内墙采用三层抹灰,外墙采用五层抹灰,具体做法同窨井。采用现浇盖板时,在拆模之后应进入池内检查并作修补。

(5) 抹灰完毕可在池内支撑现浇顶板模板,绑扎钢筋,经隐蔽验收后即可浇灌混凝土。顶板为预制盖板时,应根据方位在墙上垫上砂浆,用机具将盖板(板上留有检查井孔洞)吊装就位。

(6) 化粪池顶板上一般有检查井孔和出渣井孔,井孔要由井身砌到地面。井身的砌筑和抹灰操作同窨井。

(7) 化粪池本身除了污水进出的管口外,其他部位均为封闭墙体,为此在回填土之前,应进行抗渗试验。试验方法是将化粪池进出口管临时堵住,在池内注满水,并观察有无渗漏水。经检验合格符合标准后,即可回填土。回填土时顶板及砂浆均应达到设计强度,以防墙体被推、移动及顶板压裂,填土时要求每层夯实,每层可虚铺 30~40 cm。

(8) 化粪池砌筑质量要求。

1) 砖砌体上下错缝,无垂直通缝。

2) 预留孔洞的位置符合设计要求。

3) 化粪池砌筑的允许偏差,见表 4—9。

表 4—9　　　　　　　　　化粪池砌筑允许偏差

项次	项目	允许偏差/mm	检验方法
1	轴线位置偏移	10	用经纬仪或拉线和尺量检查
2	砌体顶面标高	±15	用水准仪和尺量检查
3	垂直度	5	用 2 m 托线板检查
4	平整度	8	用 2 m 靠尺和楔形塞尺检查
5	水平灰缝厚度(10 皮砖累计数)	±8	与皮数杆比较尺量检查

练习

1. 砖砌体的组砌要遵循哪三条原则?
2. 砖砌体中的拉结筋应该怎么放?
3. 一顺一丁砌法中用什么方法调整灰缝?
4. 试述三顺一丁的组砌方法。
5. 砖基础砌筑前要做哪些准备工作?砂浆搅拌好后必须在几小时内用完?
6. 什么叫"大放脚"?试述几种大放脚的组砌方式。
7. 怎样做好盘角和收台阶的工作?怎样抹好防潮层?
8. 砖基础砌筑中应注意哪几个质量问题?
9. 砖墙砌筑应遵循哪几项原则?门窗口砌筑应注意哪些问题?
10. 怎样才能砌好外墙大角?怎样砌筑窗台?怎样砌筑平砌式钢筋砖过梁?
11. 框架梁底的填充墙怎么处理?
12. 砌楼层墙时应注意什么?
13. 简述小型砌块墙体的操作方法。
14. 芯柱施工应遵循哪些规定?

第五单元　一般抹灰施工

培训目标
1. 了解抹灰工操作工具。
2. 了解抹灰基本知识。
3. 掌握抹灰操作基本方法。
4. 掌握一般抹灰工程质量的允许偏差和检验方法。

模块一　抹灰工常用工具

一、抹子

抹灰工常用抹子见表5—1。

表5—1　　　　　　　　　　抹灰工常用抹子

序号	名称	构造	用途	示意图
1	铁抹子	方头或圆头两种	抹底层灰或水刷石、水磨石面层	
2	钢皮抹子	外形与铁抹子相似，但比较薄，弹性大	用于抹水泥砂浆面层等	
3	压子		水泥砂浆面层等压光和纸筋石灰、麻刀石灰罩面等	
4	铁皮	用弹性好的钢皮制成	小面积或铁抹子伸不进去的地方抹灰或修理，以及门窗框嵌缝等	
5	塑料抹子	用聚乙烯硬质塑料制成，有方头和圆头	纸筋石灰、麻刀石灰面层压光	
6	木抹子（木蟹）	方头和圆头两种	砂浆的搓平和压实	

续表

序号	名称	构造	用途	示意图
7	阴角抹子（阴角抽角器、阴角铁板）	尖角或小圆角两种	阴角抹灰压实、压光	
8	圆阴角抹子（明沟铁板）		水池等阴角抹灰及明沟压光	
9	塑料阴角抹子	用聚乙烯硬质塑料制成	纸筋石灰、麻刀石灰面层阴角压光	
10	阴角抹子（阳角抽角器、阳角铁板）	有尖角和小圆角两种	阳角抹灰压光、做护角线等	
11	圆阳角抹子		防滑条捋光压实	
12	小压子（捊子）		细部抹灰压光	
13	大、小鸭嘴		细部抹灰修理及局部处理等	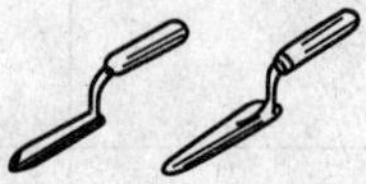

二、木制手工工具

木制手工工具见表5—2。

表5—2　　　　　　木制手工工具参考表

序号	名称	规格	构造	用途	示意图
1	托灰板			抹灰操作时承托砂浆	
2	木杠（大杠）	250～350 cm 200～250 cm 150 cm 左右	长杠 中杠 短杠	刮平地面和墙面的抹灰层	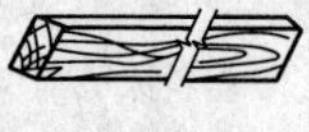
3	软刮尺	80～100 cm		抹灰层找平	

续表

序号	名称	规格	构造	用途	示意图
4	八字靠尺（引条）	长度按需截取		做棱角的依据	
5	靠尺板	厚板 3～3.5 mm	厚板和薄板两种	抹灰线、做棱角	
6	钢筋卡子	直径 8 mm		卡紧靠尺板和八字靠尺用	
7	方尺（兜尺）			测量阴阳角方正	
8	托线板（吊担尺、担子板）	长 1.2 m	配以小铜线锤	检测墙体的垂直度	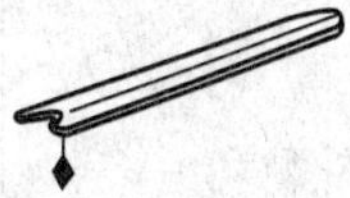
9	分格条（米厘条）		断面及尺寸视需要而定	墙面分格及做滴水槽	
10	木水平尺			用于找平	
11	阴角器			墙面抹灰、阴角刮平找直用	

三、其他常用手工工具

其他常用手工工具刷子和盛水工具见表 5—3。

表 5—3　　　　刷子和盛水工具

序号	名称	构造	用途	示意图
1	茅草帚	茅草扎成	用于木抹子搓平时洒水	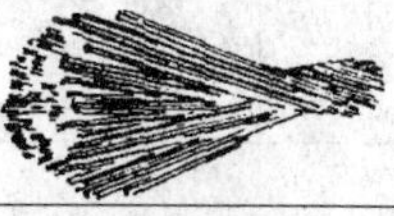
2	小水桶	铁皮制或用油漆空桶代替	作业场地盛水用	

续表

序号	名称	构造	用途	示意图
3	喷壶	塑料或白铁皮制	洒水用	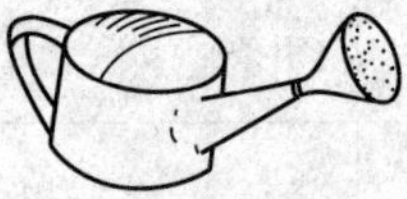

序号	名称	规格	构造	用途	示意图
4	铁锹（铁锨）		分尖头和平头两种		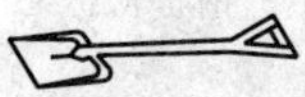
5	灰镐			手工拌和砂浆用	
6	筛子	筛孔 10 mm、8 mm、5 mm、3 mm、1.5 mm、1 mm		筛分砂子用	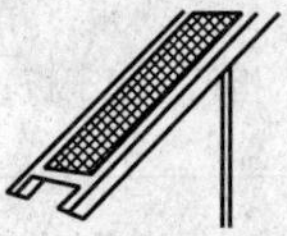
7	灰勺		分长把和短把两种	舀砂浆用	
8	灰槽		铁制和木制两种	储存砂浆	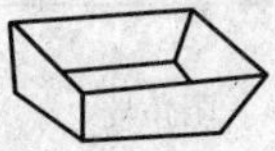

序号	名称	用途	示意图
9	粉线包	弹水平线和分格线	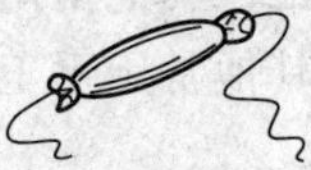
10	墨斗	弹线用	
11	分格器（劈缝溜子或抽筋铁板）	抹灰面层分格	

模块二 抹灰基本知识

一、一般抹灰使用材料及分级

1. 一般抹灰使用砂浆

一般抹灰所使用的材料,分为石灰砂浆、水泥混合砂浆、水泥砂浆、聚化物水泥砂浆、膨胀珍珠岩水泥砂浆等。

2. 一般抹灰按质量要求分级

一般抹灰按质量要求又分为三级,见表5—4。

表5—4　　　　　　　　一般抹灰的等级及工序要求

级别	工序要求	适用范围
普通抹灰	分层赶平、修整,表面压光	①抹灰等级的选定,以设计为准,以质量要求和主要工序作为划分抹灰等级的主要依据 ②普通抹灰一般用在仓库、车库、地下室、锅炉房或高级建筑的附属工程,以及临时建筑物等
中级抹灰	阳角找方,设置标筋,分层赶平、修整,表面压光	
高级抹灰	阴阳角找方,设置标筋,分层赶平、修整,表面压光	

二、抹灰的组成及厚度要求

1. 抹灰的组成

为使抹灰层与基体黏结牢固,防止起鼓开裂,并使抹灰表面平整,保证工程质量,一般应分层涂抹,即底层、中层和面层(也称罩面),如图5—1所示。底层主要起与基体黏结的作用,中层主要起找平的作用,面层是起装饰作用。

2. 抹灰层厚度要求

根据使用砂浆品种的不同,各层抹灰在赶平压实后,每遍厚度应符合表5—5的规定。

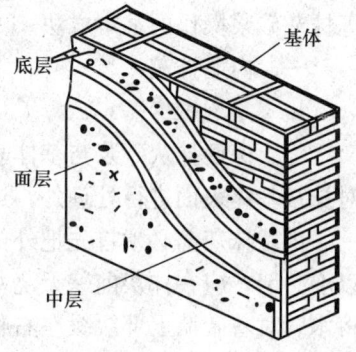

图5—1　抹灰的分层

表5—5　　　　　　　　抹灰层每遍抹灰的厚度

采用砂浆品种	每遍厚度/mm
水泥砂浆	5~7
石灰砂浆和水泥混合砂浆	7~9
麻刀石灰	≤3
纸筋石灰和石灰膏	≤2
装饰抹灰用砂浆	应符合设计要求

抹灰层的平均厚度，根据基体材料不同、抹灰等级不同而不同，应符合表5—6的规定。

表5—6　　　　　　　　　　　抹灰层厚度的要求

部位	抹灰层的类型	平均总厚度/mm
顶棚	板条、现浇混凝土、空心砖顶棚	15
	预制混凝土顶棚	18
内墙	普通抹灰	18
	中级抹灰	20
	高级抹灰	25
室外	外墙	20
	勒脚及突出墙面部分	25

模块三　抹灰操作基本方法

本模块以普通砖墙面（内、外墙）、混凝土顶棚、普通楼地面的抹灰基本操作方法为主，按目前适用范围最广的中级抹灰为标准，讲述最常用的水泥砂浆、水泥混合砂浆、石灰砂浆等抹灰砂浆操作的基本方法。

一、内墙抹灰

1. 基体处理

为了保证抹灰砂浆与基体表面牢固地黏结，防止抹灰层空鼓、脱落，在抹灰前，除必须对抹灰基体表面进行处理外，还应在基体表面浇水。

内墙抹灰前必须首先把外门窗封闭（安装一层玻璃或满钉一层塑料薄膜）。对厚12 cm以上砖墙，应在抹灰前一天浇水，厚12 cm砖墙浇一遍，厚24 cm砖墙浇两遍，浇水方法是将水管对着砖墙上部缓缓左右移动，使水缓慢从上部沿墙面流下，待自然流至墙脚为止。一个墙面浇完为一遍，第二遍是从头再浇1次，使渗水深度达到8～10 mm。

2. 找规矩

要保证墙面抹灰垂直平整，达到装饰的目的，抹灰前必须找规矩。

（1）做标志块（做灰饼）。找规矩的方法是：先用托线板全面检查砖墙表面平整垂直程度，根据检查的实际情况并兼顾抹灰总的平均厚度规定，决定墙面抹灰厚度。接着在2 m左右高度，离墙两阴角10～20 cm处，用底层抹灰砂浆（也可用1∶3水泥砂浆或1∶3∶9混合砂浆）抹上两个标准标志块，标志块厚度正好是抹灰层厚度，5 cm左右。以这两个标准标志块为依据，再用托线板靠、吊垂直确定墙下部对应的两个标志块厚度，并在踢脚板上口处做标志块，使上下两个标志块在一条垂直线上，如图 5—2 所示。

标准标志块做好后，再在标志块附近砖墙缝内钉上钉子，拴小白线，挂水平引线（注意小白线要离开标志块 1 mm），加做若干标志块，间距为 1.2～1.5 m，如图 5—3 所示。凡在门窗口，垛角处必须做标志块。

（2）标筋（冲筋、出柱头）。标筋就是在上下两个标志块之间先抹出一长条梯形灰埂，其宽度为 10 cm 左右，厚度与标志块相平，作为墙面抹灰填平的标志。

标筋的做法是：在上下两个标志块中间先抹一层，再抹第二遍凸出成八字形，要比灰饼凸出 1 cm 左右，然后用木杠紧贴灰饼左上右下搓，直至把标筋搓得与标志块平齐为止，同时要将标筋的两边用刮尺修成斜面，使其与抹灰层接槎顺平。标筋用砂浆，应与抹灰底层砂浆相同，标筋做法如图 5—3 所示。

图 5—2 做标志块

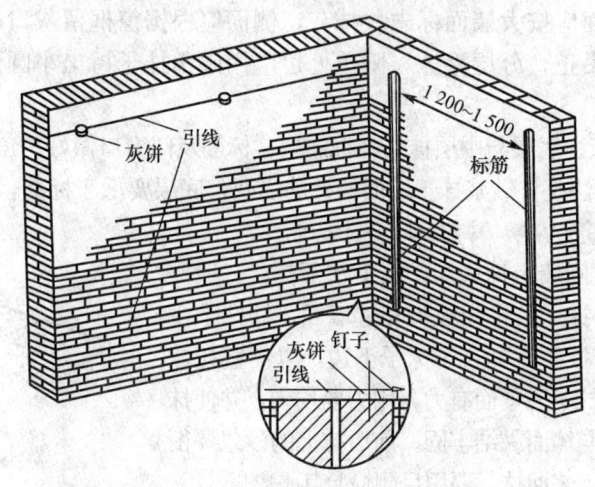

图 5—3 挂线做标志块及标筋

当层高大于 3.2 m 时，应从顶到底做标筋，在架子上可由两人同时操作，使一个墙面的标筋出进保持一致。

在操作过程中，应经常检查木杠，防止受潮变形，影响标筋的平整垂直。

（3）阴、阳角找方。中级抹灰要求阴角找方。对于除门窗口外还有阳角的房间，首先要将房间大致规方。方法是先在阳角一侧墙做基线，用方尺将阳角先规方，然后在墙角弹出抹灰准线，并在准线上下两端挂引线做标志块。

高级抹灰要求阴阳角都要找方,阴阳角两边都要弹基线,为了便于做阳、阴角和保证阴阳角方正垂直,必须在阴阳角两边都做标志块和标筋。

(4) 门窗洞口做护角。室内墙面、柱面的阳角和门洞口的阳角抹灰要求线条清晰、挺直,并防止碰坏,因此不论设计有无规定,都需要做护角。护角做好后,也起到标筋作用。

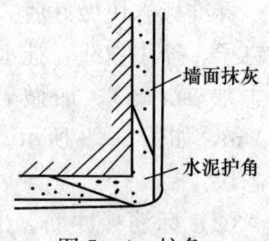

图 5—4 护角

护角应抹 1∶2 水泥砂浆,一般高度由地面起不低于 2 m。护角每侧宽度不小于 50 mm,如图 5—4 所示。

抹护角时,以墙面标志块为依据,首先要将阳角用方尺规方,靠门框一边,以门框离墙面的空隙为准,另一边以标志块厚度为依据。最好在地面上划好准线,按准线黏好靠尺板,并用托线板吊直,用方尺找方。然后,在靠尺板的另一边墙角面分层抹 1∶2 水泥砂浆,护角线的外角与靠尺板外口应平齐;一面抹好后,再把靠尺板移到已抹好护角的另一边,用钢筋卡子稳住,用线锤吊直靠尺板,把护角另一面分层抹好。然后,轻轻地将靠尺板拿下,待护角的棱角稍干时,用阳角抹子和水泥砂浆捋出小圆角。最后在墙面处用靠尺板,按要求尺寸沿角留出 5 cm,将多余砂浆呈 40°斜面切掉,墙面和门框等落地灰应清洗干净。

窗洞口一般虽不要求做护角,但同样也要方正一致,棱角分明,平整光滑。操作方法与做护角相同。窗口正面应按大墙面标志块抹灰,侧面应根据窗框留灰口确定抹灰厚度,同样应使用八字靠尺找方吊正,分层涂抹,阳角处也应用阳角抹子捋出小圆角。

3. 抹灰

(1) 底、中层抹灰。底层与中层抹灰在标志块、标筋及门窗口做好护角后即可进行,这道工序也叫装档或刮糙。方法是将砂浆抹于墙面两标筋之间,底层要低于标筋,待收水后再进行中层抹灰,其厚度以抹平标筋为准,并使其略高于标筋。

操作时先在两筋之间墙上抹底层,由上往下抹,一般要左手握灰板,右手握铁抹子,将灰板头靠近墙面,铁抹子横向将砂浆抹于墙上。灰板要时刻置于抹子下边,以便盛托抹灰时掉下的灰。手握铁抹子要紧而有力,用力要均匀,并使抹子贴紧墙面,以便砂浆与墙面黏结牢固。前后抹上的砂浆要衔接牢,铁抹子不宜在墙上来回抹,要用目测检验其平整度。

中层砂浆抹好后,即用中、短木杠按标筋刮平。使用木杠时,人站成骑马式,双手紧握木杠,均匀用力,由下往上移动,并使木杠前进方向的一边略微翘起,手腕要活。凹陷处补抹砂浆,然后再刮,直至平直为止。紧接着用木抹子搓磨一遍,使表面平整密实。墙的阴角,先用方尺上下核对方正,然后用阴角器上下抽动,将墙的阴角扯平挂直,使室内四角方正,如图 5—5 所示。

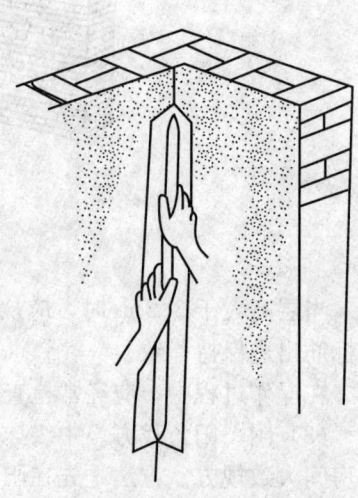

图 5—5 阴角的扯平找直

一般情况下，标筋抹完就可以装档刮平了。但要注意如果筋软容易将标筋刮坏而使其产生凸凹现象，也不宜在标筋有强度时再装档刮平，因为待墙面砂浆收缩后，会出现标筋高于墙面的现象。

当层高小于3.2 m时，一般先抹下面一步架时，然后搭架子再抹上一步架。抹上一步架时，可不抹标筋，而是在用木杠刮平时，紧贴在下面已经抹好的砂浆上作为刮平的依据。

当层高大于3.2 m时，一般是从上往下抹。

如果后做地面、墙裙和踢脚板，要在墙裙、踢脚板准线上口5 cm处的砂浆切成直槎，墙面要清理干净，并及时清除落地灰。

(2) 抹面层。面层抹灰俗称罩面。一般室内砖墙面层抹灰常用纸筋石灰、麻刀石灰、石灰砂浆及刮大白腻子等。面层抹灰应在底灰稍干后进行，底灰太湿会影响抹灰面平整，还可能"咬色"；底灰太干，易使面层脱水太快而影响黏结，造成面层空鼓。

1) 纸筋石灰或麻刀石灰抹面层。纸筋石灰面层，一般应在中层砂浆六至七成干后进行（手按不软，但有指印）抹灰操作。如底层砂浆过于干燥，应先洒水湿润，再抹面层。

抹灰操作一般使用钢皮抹子，两遍成活，厚度不大于2 mm。一般从阴角或阳角开始，自左向右进行，两人配合操作效果较好，一人先竖向（或横向）薄薄抹一层，使纸筋石灰与中层紧密结合，另一人横向（或竖向）抹第二层，抹平，并要压平溜光。压平后，可用排笔或茅柴帚蘸水横刷一遍，使表面色泽一致，用钢皮抹子再压实、揉平、抹光一次，则面层更为细腻光滑。阴阳角分别用阴阳角抹子捋光，随手用毛刷子蘸水将门窗边口阳角的水泥小圆角、墙裙和踢脚板上口刷净。

另一种做法是抹两遍后，稍干就用压子或塑料抹子顺抹子纹压光。经过一段时间，再进行检查，起泡处重新压平。

麻刀石灰抹面层，其操作方法与纸筋石灰抹面层相同。但麻刀与纸筋纤维的粗细有很大区别，纸筋容易捣烂，能形成纸浆状，故制成的纸筋石灰比较细腻，用它做罩面灰厚度可以达到不超过2 mm的要求。而麻刀的纤维比较粗，且不易捣烂，用它制成的麻刀石灰抹面厚度按要求不得大于3 mm仍较困难，如果厚了，面层易产生收缩裂缝，影响工程质量。为此在操作时，一人用铁抹子将麻刀石灰抹在墙上，另一人紧接着自左向右将面层赶平、压实、抹光。稍干后，再用钢皮抹子将面层压实、压光。

2) 石灰砂浆面层。石灰砂浆抹面层，应在中层砂浆五至六成干时进行。如中层较干时，须洒水湿润后再进行。操作时，先用铁抹子抹灰，再用刮尺由下向上刮平，然后用木抹子搓平，最后用铁抹子压光成活。

4. 常见墙面抹灰一般做法常见墙面抹灰一般做法见表5—7。

表 5—7　　　　　　　　　　常见墙面抹灰一般做法

名称	适用范围	分层做法	厚度/mm	操作要点
水泥砂浆抹灰	用于潮湿基层如墙裙、路踢脚线	第一层：1∶3 水泥砂浆打底 第二层：1∶2.5 水泥砂浆罩面压光	13 5～8	①底子分两遍成活，头遍要压实，表面扫毛 ②待5～6成干时抹第二遍
水泥砂浆抹灰	水池窗台	第一层：1∶2.5 水泥砂浆打底 第二层：1∶2 水泥砂浆罩面	13 5	水池抹灰要找出泛水
水泥砂浆抹灰	加气混凝土基层	第一层：1∶5（108胶∶水）溶液涂刷基层 第二层：1∶3 水泥砂浆打底 第三层：1∶2.5 水泥砂浆罩面	5 5	①抹灰前将墙面浇水湿润 ②108胶溶液要涂刷均匀 ③先薄薄刮1遍底灰后，再抹底子灰 ④打底后隔2天罩面
混合砂浆抹灰	砖墙基层	第一层：1∶1∶3∶5（水泥∶石灰膏∶砂子∶木屑）打底 第二层：1∶1∶3.5 混合砂浆罩面，分2遍成活，木抹搓平	15～18	①适用于有吸声要求的房间 ②锯木屑过5 mm孔筛，使用前石灰膏与木屑拌和均匀，经钙化24 h，使木屑纤维软化
混合砂浆抹灰	用于做油漆墙面抹灰	第一层：1∶0.3∶3 水泥石灰砂浆打底 第二层：1∶0.3∶3 水泥石灰砂浆罩面	13 5～8	
水砂面层抹灰	适用于高级建筑内墙面	第一层：1∶2～1∶3 麻刀灰砂浆打底，分两遍成活，要求表面平整垂直 第二层：水砂抹面，分两遍抹成，应在第一遍砂浆略有收水时即进行第二遍，第一遍竖向抹，第二遍横向抹 第三层：水砂抹完后，用钢皮抹子压光两遍，最后用钢皮抹子先横向后竖向溜光，至表面密实光滑为止	13 2～3	①使用材料 水砂：即沿海地区的细砂，平均粒径0.15 mm 石灰：洁白块灰，氧化钙含量不少于75% 水：饮用水 ②水砂砂浆拌制 将淘洗清洁的砂和沥灰浆进行拌和，拌和后水砂呈淡灰色为宜，稠度12.5 cm，其质量配合比：热灰浆∶水砂＝1∶0.75，每1 m³ 水砂砂浆约用水砂750 kg，块灰300 kg ③使用热灰浆的目的在于使砂内盐分尽快蒸发，防止墙面产生龟裂，水砂拌和后置于池内进行硝化，3～7天后方可使用

二、顶棚抹灰

1. 基体处理

常见的顶棚抹灰基体有预制或现浇混凝土。混凝土顶棚抹灰除基体处理外，还要检查楼板有无下沉或裂缝，如为预制混凝土楼板，则应检查其板缝是否已用细石混凝土灌实（板缝灌不实，顶棚抹灰后会顺板缝产生裂纹）。

近年来无论是现浇或预制混凝土，都大量采用钢模板，因此表面比较光滑，如直接抹灰，砂浆黏结不牢，抹灰层易出现空鼓、裂缝等现象，为此在手工抹灰时，应先在清理干净的混凝土表面用茅柴帚刷水后刮一遍，然后用水灰比为 0.37～0.40 的水泥素浆进行处理后，方可抹灰。

2. 找规矩

顶棚抹灰通常不做灰饼和冲筋，用目测的方法控制其平整度，以无明显高低不平及接槎痕迹为度。先根据顶棚的水平面，确定抹灰的厚度，然后在墙面的四周与顶棚交接处弹出水平线，作为抹灰的水平标准。

3. 底、中层抹灰

为了使抹灰层与基体黏结牢固，底层抹灰是关键工序。方法是用水灰比为 0.37～0.40 的水泥素浆刮后，接着抹底层砂浆。一般底层砂浆采用配合比为水泥∶石灰膏∶砂＝1∶0.5∶1 的水泥混合砂浆，底层抹灰厚度为 2 mm。

底层抹后紧跟着抹中层砂浆，其配合比一般采用水泥∶石灰膏∶砂＝1∶3∶9 的水泥混合砂浆，抹灰厚度为 6 mm 左右，抹后用软刮尺刮平赶匀，随刮随用长毛刷子将抹印顺平，再用木抹子搓平，顶棚管道周围用小工具顺平。

顶棚底、中层抹灰的操作方法及要点是：人站在脚手板上两脚叉开，一脚在前，一脚在后，身体略为偏侧，一手持钢皮抹子，一手持托灰板，两膝稍微前弯站稳，身稍后仰，抹子贴紧顶棚，慢慢地向后拉（也可向前伸），如图 5—6 所示。抹子应稍侧一点，使底层灰表面带毛。

抹灰的顺序一般是由前往后退，并注意其方向必须同基体的缝隙（混凝土板缝）成垂直方向，这样，容易使砂浆挤入缝隙牢固结合。

由于顶棚无标筋，其平整度全靠目测控制，上灰时应特别留意，薄厚掌握适度，随后用软刮尺赶平，赶平后如平整度欠佳，应再补抹及赶平一次灰。一般不宜多次修补与赶平，否则容易搅动底灰而引起掉灰。为保证中层与底层黏结牢固，如底层砂浆吸水快，应及时洒水。

在顶棚与墙面的交接处，一般是在墙面抹灰层完成后再补上，也可在抹顶棚时先将距顶棚 20～30 cm 的墙面抹灰同时完成，这样顶棚与墙面的交接处可同时做完，

图 5—6 顶棚抹灰

方法是用铁抹子在墙面与顶棚交接处填上砂浆,然后用木阴角器搓平压直即可。

4. 面层抹灰

待中层抹灰达到六至七成干,即用手按不软但有指印时(但要防止过干,如过干应稍洒水),再开始面层抹灰。顶棚面层抹灰如使用纸筋石灰或麻刀石灰,一般分两遍成活。其涂抹方法及抹灰厚度与内墙面抹灰相同。第一遍抹得越薄越好,紧跟抹第二遍。抹第二遍时,抹子要稍平,抹完后等砂浆稍干,再用塑料抹子或压子顺着抹纹压实压光。

各抹灰层受冻或急骤干燥,都能引起脱落,如遇强烈的穿堂风,易产生裂纹,因此要加强养护。

5. 常见顶棚抹灰的一般做法

常见顶棚抹灰的一般做法见表 5—8。

表 5—8　　常见顶棚抹灰的一般做法

名称	分层做法	厚度/mm	操作要求
现浇混凝土楼板顶棚抹灰	第一层:1:0.5:1 水泥石灰砂浆打底 第二层:1:3:9 水泥石灰砂浆找平 第三层:纸筋灰罩面	2~3 6~9 2	①抹头道灰时必须与模板木纹的方向垂直,用钢皮抹子用力抹实,越薄越好 ②底子灰抹完后紧跟抹第二遍找平层 ③待 6~7 成干时即应罩面
	第一层:1:2:4 水泥纸筋灰砂浆打底 第二层:1:2 纸筋灰砂浆找平 第三层:纸筋灰罩面	2~3 10 2	
	第一层:1:0.5:4 水泥石灰砂浆打底 第二层:纸筋灰罩面	8 2	底灰应连续操作
预制混凝土楼板顶棚抹灰	第一层:1:1:6 水泥纸筋灰砂浆打底 第二层:1:1:6 水泥细纸筋灰砂浆罩面压光	7 5	适用机械喷涂抹灰用
	第一层:1:1 水泥砂浆(加 2%醋酸乙烯乳液)打底 第二层:1:3:9 水泥石灰砂浆找平 第三层:纸筋灰罩面	2 6 2	①适用于高级装饰抹灰 ②底子灰需养护 2~3 天再做找平层
板条钢板网顶棚抹灰	第一层:1:2:1 水泥石灰砂浆(略掺麻刀)打底,灰浆要挤入网眼中 第二层:1:0.5:4 水泥石灰砂浆紧跟压入第 1 遍灰中(本身无厚度) 第三层:1:3:9 水泥石灰砂浆找平 第四层:纸筋灰罩面	3 6 2	①板条之间应离缝 30~40 mm,端头离缝 5 mm 钉钢板网 ②找平层 6~7 成干时即进行罩面

续表

名称	分层做法	厚度/mm	操作要求
钢板网顶棚抹灰	第一层：1:1.5~1:2石灰砂浆打底，灰浆要挤入网眼中 第二层：挂麻筋，将小束麻丝每隔30 cm左右挂在钢板网网眼上，两端纤维垂下长25 cm 第三层：1:2.5石灰砂浆分2遍成活，每遍将悬挂的麻筋向四周散开1/2抹入灰浆中 第四层：纸筋灰罩面	3 3 2	①钢板吊顶龙骨以40×40 cm方格为宜 ②为避免木龙骨收缩变形，影响抹灰层开裂，可使用φ6钢筋，间距20 cm，拉直钉在木龙骨上，然后用铅丝把钢板网撑紧，绑在钢筋上 ③适用于大面积厅、堂等高级装饰工程
高级装饰顶棚抹灰（石膏灰抹灰）	第一层：1:2~1:3麻刀灰砂浆打底抹平（分2遍成活），要求表面平整垂直 第二层：13:6:4（石膏粉：水：石灰膏）罩面，分2遍成活，在第1遍未收水时即进行第2遍抹灰，随即用铁抹子修补压光1遍，最后用铁抹子溜光至表面密实光滑为止		①底子灰为麻刀灰，应在20 d前化好备用，其麻刀为白麻丝，石灰宜用2:8块灰，配合比（质量比）：麻丝：石灰=7.5:1 300 ②石膏一般宜用2级建筑石膏，结硬时间为5 min左右，0.08 mm筛孔筛余量不大于10% ③罩面石膏浆配制时，先将石灰膏作缓凝剂加水搅拌均匀，随后按比例加入石膏粉，随加随拌和稠度为10~12 cm，即可使用 ④抹灰前，基层表面应清扫并浇水润湿 ⑤石膏浆应随用随拌，随抹，墙面抹灰要1次成活，不得留接槎 ⑥基层不宜用水泥砂浆或混合砂浆打底，亦不得掺用氯盐，以防泛潮，面层脱落
	第一层：1:2:9水泥石灰混合砂浆打底 第二层：6:4或5:5石膏石灰膏灰浆罩面，也可用石膏掺水胶		

三、楼地面抹灰

楼地面抹灰一般最常见的是水泥砂浆面层。

1. 基层处理

水泥砂浆面层多铺抹在楼、地面钢筋混凝土楼板或混凝土、碎石、碎砖等垫层基层上，其表面处理是防止水泥砂浆面层空鼓、裂纹、起砂等质量通病的关键工序，因此要求基层应具有粗糙、洁净和潮湿的表面。对于地面垫层、现浇或预制钢筋混凝土楼板面等基层上的浮灰、油渍、松散混凝土和砂浆等如不仔细清除，则在面层与基层之间就会形成一层隔离层，使面层结合不牢。

处理基层时要用铲子铲，钢丝刷子刷。对预制钢筋混凝土楼板等表面比较滑的基层，应凿毛。基层边用清水冲洗干净，冲洗后的基层，最好不要上人。

在现浇混凝土或水泥砂浆垫层、找平层上做水泥砂浆地面面层时，混凝土或水泥砂浆达到一定强度后，才能铺设面层。因为只有当混凝土或水泥砂浆达到上述强度时，在其上操作才不致破坏其内部结构。

在基层清理干净并浇水湿润后，第二天在垫层或楼板基层上刷水灰比为0.4～0.5的水泥素浆的结合层，水泥素浆要刷匀，不得有干斑和水坑。

地面铺设前，还要将门框再一次校核找正，方法是先将门框锯口线抄平校正，并注意当地面面层铺设后，门扇与地面的间隙（风路）应符合规定要求。然后将门框固定，防止松动位移。

2. 找规矩

（1）弹基准线。地面抹灰前，应先在四周墙上弹出一道水平基准线，作为确定水泥砂浆面层标高的依据。

水平基准线是以地面±0.000及楼层砌墙前的抄平点为依据的，一般可根据情况弹在墙的100 cm标高处（框架结构弹在框架上），如图5—7所示。

弹基准线时要注意按设计要求的水泥砂浆面层厚度弹线。

（2）做标筋。根据水平基准线再把楼地面面层上皮的水平辅助基准线弹出。对面积不大的房间，可根据水平基准线直接用长木杠抹标筋，施工中进行几次复尺即可。对面积较大的房间，应根据水平基准线在四周墙角处每隔1.5～2.0 m用1∶2水泥砂浆抹标志块，标志块大小一般是8～10 cm见方。待标志块结硬后，在纵横方向以标志块的高度做出通长的标筋以控制面层的厚度。地面标筋用1∶2的水泥砂浆，宽度一般为8～10 cm，如图5—8所示。做标筋时，要注意控制面层厚度，面层的厚度应与门框的锯口线吻合。

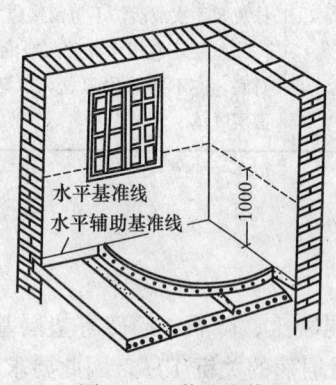

图5—7 弹基准线

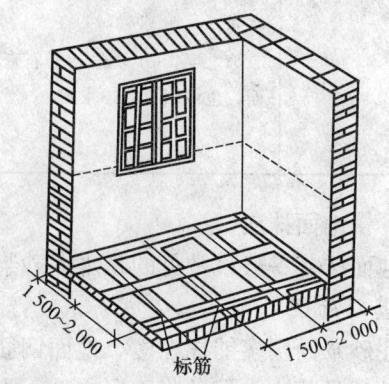

图5—8 做标筋

对于厨房、浴室、厕所等房间的地面，必须将流水坡度找好，有地漏的房间，要在地漏四周找出不小于5％的泛水，并要弹好水平线，避免地面"倒流水"或积水。抄平时要注意各室内与走廊高度的关系。

(3) 地面分格。水泥地面施工时，当地面面积较大或房间开间较大，设计要求分格时，要进行地面划线分格的操作。方法是：在水泥初凝时先根据地面划分格线的位置和尺寸，在墙上或踢脚板上划好分格线，做好地面的标志块和标筋。铺设水泥地面面层时，用短木杠和木抹子将面层刮、搓平整，然后，根据墙上或踢脚板上已划好的分格线，初步划定地面分格线位置。先用木抹子搓出一条约一抹子宽的面层，用铁抹子先行抹平，轻轻压光，再用粉线袋弹上分格线，将靠尺放在分格线上，用地面分格器紧贴靠尺，顺线开出分格缝。

分格缝做好后，要及时把脚印、工具印子等刮、搓平整。待面层水泥终凝前，再用钢皮抹子压平压光，把分格缝理直压平。

3. 抹面层

(1) 水泥砂浆配合比。水泥砂浆面层铺抹时，要求水泥砂浆的配合比不低于 1∶2，其稠度（以标准圆锥体沉入度计）不大于 3.5 cm。水泥砂浆必须拌和均匀，颜色一致。

(2) 操作要求。水泥砂浆地面面层是紧跟着刷水泥素浆结合层进行铺抹的，即随刷随铺抹。如果基层刷水泥素浆结合层过早或面积过大，则铺抹面层时，已刷的结合层水泥素浆已结硬，不但起不到基层与结合层、面层三者牢固结合的作用，反而起了隔离作用，易造成地面空鼓。

地面面层铺抹方法是：在标筋之间铺砂浆，随铺随用木抹子拍实，用短木杠依据两边标筋标高刮平，刮时要从房间里面往外刮到门口，并符合门框上锯口线标高。刮好之后，用木抹子搓平，再用钢皮抹子压头遍，这一遍跟得要紧，并要求压得轻一些，使抹子纹浅一些，以压光后表面不出现水纹为宜，如面层有多余的水分，也可采用撒干水泥的做法，即根据多余水分的多少适当均匀地撒一层干水泥或干拌水泥、砂来汲取面层表面多余的水分，压实压光（但要注意如表面无多余的水分，不得撒干水泥或干拌水泥、砂），同时把踩的脚印压平，并随手把踢脚板上的灰浆刮干净。

当水泥砂浆开始初凝时，人踩上去有脚印但不下陷，即可开始用钢皮抹子压第二遍。这一遍要求压实、压光、不漏压，抹子与地面接触时，发出"沙沙"声，把死坑、砂眼和踩的脚印都压平。第二遍压光最重要，表面要清除气泡、孔隙，做到平整光滑。

第二遍压光后，等到水泥砂浆终凝前，人踩上去有细微脚印，抹子抹上去不再有抹子纹时，再用铁抹子压第三遍。这一遍要用力稍大，并把第二遍留下的抹子纹、毛细孔压平、压实、压光。

水泥地面压光三遍成活。三次压光非常重要，必须在适当时间进行分次压光才能保证工程质量。压光过早或过迟都会造成地面起砂。

4. 养护

水泥砂浆面层铺设后，均应在常温湿润条件下养护，养护要适时，如浇水过早易起皮，过晚则易产生裂纹或起砂（夏天 24 h 后养护，春秋应在 48 h 后养护）。养护一般不少于 7 昼夜。最好是铺上锯木屑再浇水养护，浇水时应用喷壶洒水，保持锯木屑湿润即可。对采用矿渣水泥拌制的水泥砂浆铺设的面层，应养护14昼夜。

水泥砂浆面层强度达不到5 MPa时，不准在上面行走或进行其他作业，以免碰坏地面。

四、外墙抹灰

1. 找规矩

外墙面抹灰与内墙抹灰一样，要挂线做标志块、标筋。但因外墙面由檐口到地面，抹灰看面大，门窗、阳台、明柱、腰线等看面都要横平竖直，而抹灰操作则必须一步架一步架地往下抹。因此，外墙抹灰找规矩要在四角先挂好由上至下垂直通线（多层及高层房屋，应用钢丝线垂下），方法是采用缺口木板或在砖缝内钉钉子。垂线吊好后，根据大致决定的抹灰厚度，每步架大角两侧最好弹上控制线，再水平拉通线，并弹水平线做标志块，竖向每步架做一个标志块，然后做标筋。

2. 粘分格条

在室外抹灰时，为了增加表面的美观，避免罩面砂浆收缩后产生裂缝，一般均需粘分格条，设分格线。设分格线在底层抹灰完成后进行（粘贴分格条的底层灰要求用刮尺赶平），根据已弹好的水平线和尺寸用墨汁或粉线包弹出分格线，竖向分格线要求用线锤或经纬仪校正垂直，横向分格线要以水平线为依据校正水平。

分格条在使用前要放在水中泡透，这样既便于粘贴又能防止分格条使用时变形。另外，分格条会因本身水分蒸发而收缩比较容易起出，且能使分格条两侧的灰口整齐。根据分格线的长度将分格条分好，然后用铁皮抹子将水泥素浆抹在分格条的背面，水平分格线宜粘贴在水平线的下口，垂直分格线宜粘贴在垂线的左侧，这样易于观察，操作比较方便。

粘贴完一条竖向或横向的分格条后，应用直尺校正其平整，并将分格条两侧用水泥素浆抹成八字形斜角（若是水平线应先抹下口）。对当天抹面层的分格条，两侧八字形斜角可抹成45°，如图5—9a所示。如当天不抹面的分格条（隔夜条），两侧八字形斜角应抹得陡一些，成60°角，如图5—9b所示。

面层抹至与分格条齐平，然后按分格条厚度刮平，搓密实。将分格条表面的余灰清除干净，以免起条时因表面余灰与墙面砂浆连接而损坏墙面。当天粘的分格条在面层交活后即可起出。

起条子一般从分格线的端头开始，用抹子轻轻敲动，分格条即自动弹出。如起分格条较难时，可在分格条端头钉一小钉，轻轻地将其向外拉出。"隔夜条"不宜当时起条，应在罩面层

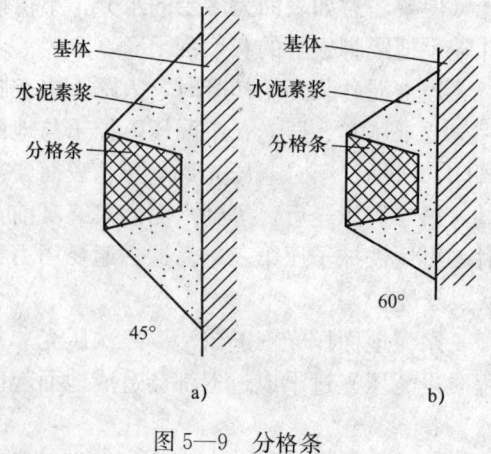

图5—9 分格条

达到强度之后再起。分格条起出后应将其清理干净,收存待用。分格线处用水泥砂浆勾缝。

分格线不得有错缝、掉棱和缺角,其缝宽和深浅应均匀一致。

以上讲的是木分格条粘贴的方法。对在外墙面抹灰采取喷涂、滚涂、喷砂等饰面面层较薄的墙面,分格条也可以采用粘布条法或划缝法,其操作较简便,还可节约木材。

(1) 粘布条法。在底层,根据设计尺寸水平线弹出分格线后,用聚乙烯醇缩甲醛胶(也可用水泥素浆)粘贴胶布条(或电工用绝缘塑料胶条、砂布条等),然后做饰面层将它覆盖起来,露出一端,等饰面层初凝时,立即把胶布慢慢扯掉,即露出分格缝。然后修理分格缝两边的飞边。

(2) 划缝法。等做完面层饰面后,待砂浆初凝时弹出分格线。沿着分格线按贴靠尺板,用划缝工具沿靠尺板边划缝,深度为 4~5 mm(或露出垫层),其手工工具如图 5—10 所示。

3. 抹灰

(1) 抹水泥混合砂浆。外墙的抹灰层要求有一定的防水性能,一般采用水泥混合砂浆(水泥:石子:砂子=1:1:6)打底和罩面(或打底用 1:1:6,罩面用 1:0.5:4)。外墙抹灰在基体处理、四大角(即出墙角)

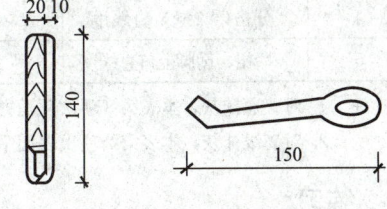

图 5—10 划缝工具

与门窗洞口护角线、墙面的标志块、标筋等完成后即可进行。其底层、中层抹灰及刮尺赶平方法与内墙面基本相同。在刮尺赶平、砂浆收水后,应用木抹子打磨。如打磨时面层太干,应一手用茅柴帚洒水,一手用木抹子打磨,不得干磨,否则会造成颜色不一致。

木抹子的握法与铁抹子相同,使用木抹子时应将其抹板与墙面平贴,转动手腕,自上而下,自右向左,以圆圈形打磨,用力要均匀,务必使表面平整、密实。然后再上下抽拉,轻重一致,顺向打磨,使抹纹顺直,色泽均匀。否则表面会出现粗细不一的抹纹、起纹等毛病。

(2) 抹水泥砂浆。外墙抹水泥砂浆一般为水泥:砂=1:3。抹底层时,必须把砂浆压入灰缝内,并用木抹子压实刮平,然后用扫帚在底层上扫毛,并要浇水养护。

底层砂浆抹后第二天,先弹分格线,粘分格条。抹时先用 1:2.5 水泥砂浆薄薄刮一遍,再抹第二遍。先抹平分格条,然后根据分格条厚度用木杠刮平,再用木抹子搓平,用钢皮抹子揉实压光。最后用刷子蘸水按同一方向轻刷一遍,目的是要达到颜色一致,然后起出分格条,并用水泥浆把缝勾齐。"隔夜条"不能当时起,需在水泥砂浆达到一定强度之后再起出来,操作时应注意在压光前将分格条上的水泥砂浆刷净,以免起条时损坏墙面。

水泥砂浆罩面时,如底子灰较干,罩面灰纹不易压光,用力过大会造成罩面灰与底层分离空鼓,所以应洒水后再压。

当底层较湿不吸水时,罩面灰收水慢,当天如不能压光成活,可撒上 1:2 干水泥砂黏在罩面灰上吸水,待干水泥砂吸水后,把这层水泥砂浆刮掉再压光。

水泥砂浆罩面成活 24 h 后，要浇水养护 3 天。

五、一般抹灰工程质量的允许偏差和检验方法

一般抹灰工程质量的允许偏差和检验方法见表 5—9。

表 5—9　　　　　　　　一般抹灰工程质量的允许偏差和检验方法

项次	项目	允许偏差/mm		检验方法
		普通抹灰	高级抹灰	
1	立面垂直度	4	3	用 2 m 垂直检测尺检查
2	表面平整度	4	3	用 2 m 靠尺和塞尺检查
3	阴阳角方正	4	3	用直角检测尺检查
4	分格条（缝）直线度	4	3	拉 5 m 线，不足 5 m 拉通线，用钢直尺检查
5	墙裙、勒脚上口直线度	4	3	拉 5 m 线，不足 5 m 拉通线，用钢直尺检查

注　1. 对普通抹灰，本表第 3 项次阴角方正可不检查。

　　2. 对高级抹灰，本表第 2 项次表面平整度可不检查，但应平顺。

练习

1. 如何确定墙面的作饼厚度？
2. 作饼操作要点有哪些？